中国工业企业技术创新的出口行为影响研究

谢蕾蕾 著

国防工业出版社

·北京·

内 容 简 介

本书的主要研究内容分为 8 章。全书以以国家统计局工交司规模以上工业企业调查数据为基础，并辅以国家科技部相关数据，以及瑞士洛桑国际管理与发展学院的国际竞争力调查数据，采用统计描述、计量经济学模型、统计模型以及数据包络分析方法等多种方法，对我国工业企业技术创新对企业出口行为影响的现状，结构以及变化进行分析。

本书适合金融、经管类科技人员参考，也可供高校相关专业师生阅读。

图书在版编目(CIP)数据

中国工业企业技术创新的出口行为影响研究/谢蕾蕾著. —北京：国防工业出版社，2015.11
ISBN 978-7-118-10525-4

Ⅰ.①中… Ⅱ.①谢… Ⅲ.①工业企业—技术革新—出口—研究—中国 Ⅳ.①F424.3

中国版本图书馆 CIP 数据核字(2015)第 278801 号

※

国防工业出版社出版发行
(北京市海淀区紫竹院南路 23 号　邮政编码 100048)
北京京华虎彩印刷有限公司印刷
新华书店经售

*

开本 710×1000　1/16　印张 8½　字数 135 千字
2015 年 11 月第 1 版第 1 次印刷　印数 1—1000 册　定价 68.00 元

(本书如有印装错误，我社负责调换)

国防书店：(010)88540777　　　发行邮购：(010)88540776
发行传真：(010)88540755　　　发行业务：(010)88540717

前 言
PREFACE

2008年金融海啸重创世界经济,中国的出口贸易也受到了严重影响,根据中国海关总署发布的数字显示,2009年我国出口贸易遭遇了同比16%的下降,但是从外贸出口额看,同年我国仍达到12016.7亿元,并首次超过德国,出口贸易总额居全球第一,我国也因此成为名副其实的出口贸易第一大国。同年,世界经济论坛(WEF)《2009—2010全球竞争力调查报告》显示,我国竞争力的排名由第30名上升到第29名,并且继续领跑"金砖四国",而这要归功于中国创新能力的不断发展。从20世纪80年代至今,为了实现创新能力的提升,我国不断进行大胆的探索,在创新发展政策方面,实现了由以技术引进为主到以自主研发为主的重大转变,并且从效果上看,创新政策的改进和发展确实发挥了重要作用。出口贸易的发展是中国提升国际地位、实现做大做强目标的关键因素,而技术创新能力的培养和完善,尤其是企业的技术创新行为,是保障我国在出口贸易领域保持比较优势、增强出口竞争力的根本要素,因此,对当前我国工业企业技术创新行为的出口影响状况进行细致深入的研究,具有重要的理论意义和现实意义。

国外学者中,已有多人对创新能力对出口贸易的作用进行研究,但是由于研究对象存在较大差异,学者们尚未能得出统一的结论。尤其是基于企业层面的研究中,由于企业的行业归属、规模种类、创新模式等存在较大差异,企业创新能力对出口贸易的作用研究尚未形成统一的结论。对于我国来说,出口贸易规模的扩大、竞争力的增强,是否得益于创新能力的提升?这种作用的方向和大小是否在不同类型的企业群间存在差异?该领域相关的研究和探讨,对于改善我国出口贸易模式,提升我国出口贸易竞争力意义重大。

本书以国家统计局工交司规模以上工业企业调查数据为基础,并辅以国家科技部相关数据,以及瑞士洛桑国际管理与发展学院的国际竞争力调查数据,采用统计描述、计量经济学模型、统计模型以及数据包络分析方法等多种方法,对我国工业企业技术创新对企业出口行为影响的现状、结构以及变化进行分析。本书的主要研究内容分为8章:

第1章主要介绍本书的研究背景、研究目的与问题,并展示本书的研究内容与研究方法,同时提出本书的创新点和不足之处。

第2章主要介绍本研究的理论基础,并对国内外学者已做的相关研究进行文献综述,展示企业技术创新、出口贸易以及两者交叉领域内的基本理论和研究现状,并据此提出本书对该问题研究的特别之处。

基于企业层面数据研究是本研究的优势之一,因此第3章详细介绍了所用的数据和指标处理过程,并对数据和指标的质量进行评价。在得到稳定准确的数据基础上,按照全文研究脉络中对企业类别的选择,分别从产业、规模、创新模式和省区归属四个方面分析工业企业的结构特征,并对企业技术创新和出口贸易状况进行国际比较和分析。

第4章是全书实证研究的起点,以全体工业企业数据为基础,按照书中设定的创新模式划分标准,利用 Logistic 模型对不同创新模式企业创新行为对企业出口倾向的影响进行分析,并采用 WLS 方法对不同创新模式企业创新行为对企业出口强度影响进行分析。

在确定企业规模对研究结果具有显著影响之后,第5章从企业的规模与创新模式的交叉影响入手,采用 Logistic 模型和 WLS 模型估计方法,对大、中、小型工业企业内不同创新模式企业技术创新对出口倾向和出口强度的影响进行判断,并在不同企业群间进行差异比较。

中国工业企业出口与创新能力建设具有显著的地域特征,因此在第6章考虑企业的区域属性与规模属性的交叉影响,以大、中、小型工业企业三个层面为分析对象,分别构建30个省区2001-2006年企业特征面板数据基础,分析和对比大、中、小型工业企业技术创新行为对出口影响的省域差异。

第7章主要从企业技术创新对出口行为影响的效率入手进行分析研究,采用超效率 DEA 模型对我国30个省区"技术创新—出口"过程不同阶段的效率进行计算和省区排名,并将 Malmquist 指数分析方法与 DEA 分析方法相结合,对我国30个省区2001-2006年技术创新的出口影响变动进行因素分解,从结构上观察企业技术创新对出口作用的影响效率。

在上述各章进行描述和实证分析的基础上,第8章对本研究进行总结,并确定和计划未来的研究方向和内容。

本书研究的特色和创新点主要体现在三个方面:

(1)研究立意。本研究在借鉴其他学者研究理论与方法的基础上,依靠基层企业统计数据,对各种类型工业企业的出口与创新行为进行对比,据此构造模型分析技术创新对企业出口倾向和出口强度的影响,并分别从大、中、小型企业,以及工业企业的省域差异角度进一步分析技术创新对企业出口规模的作用。同时,本书不仅对两者之间作用的程度和大小进行预测,还利用数据包络分析方法对这种作用的效率进行评价,同时将用于全要素生产率分解的 Malmquist 指数思想与 DEA 方法相结合,对以技术创新资源为投入,以企业出口为产出过程的生产率进行分解,从而探讨我国各省域技术创新在推动出口贸易上的优劣势。

(2) 研究形式。本研究基于基层工业企业数据,既遵循国外经典研究的分析思路,同时结合中国企业发展特色,分两条主线逐层剖析。在细致总结国外学者研究思路后,依据本研究数据特点,对国外学者所用模型进行改进和完善,不仅从企业创新模式角度考虑技术创新的出口影响,而且将企业规模与创新模式的交互影响纳入考虑范围之内,充分验证企业特征对其技术创新的出口作用的影响;在结合中国特色所进行的企业技术创新对出口行为的影响研究中,不仅从企业区域与规模特征的交互作用入手,分析技术创新对出口规模的影响强度,而且更加偏重于对各省区企业技术创新出口影响的效率问题研究。综合而言,本研究力求在研究方法,研究结果上有据可依,并能够与国内外学者的相关研究进行交流和对比。

(3) 研究方法。本研究的突出特点之一即是采用不同的方法对问题进行一层一层的深入剖析。应用 T 检验均值比较方法确定甄选对企业出口行为有影响的因素;应用 Logistic 模型研究企业技术创新对出口倾向的影响;采用加权最小二乘回归方法建立模型,研究技术创新对已经进入国际市场的企业的出口强度的影响;利用变系数固定效应面板数据模型分析研究各省区企业技术创新对出口规模影响的门槛效应;采用 Sup－CCR－DEA 方法研究各省域技术创新对出口作用的效率,并将 Malmquist 指数思想与 DEA 数据分析方法结合使用,研究各省域"技术创新—出口"过程生产率的分解因素影响和变动。

本书的研究结果发现,我国工业企业整体的国际化程度偏低,这主要是由于中小型工业企业出口企业数量所占份额较小而造成的;同时从出口产品销售额占全部产品销售收入比重看,小型企业又远远高于大型企业。在技术创新的出口作用研究中,从企业整体看,新产品生产并未提升企业出口倾向,但是却促进了出口强度的提升,但是分企业规模和创新模式考察后发现,新产品生产对企业出口倾向的促进作用在多数类型企业中都有体现,反而其对出口强度的促进作用随企业规模的下降而不断下降。对于大中型工业企业而言,研发投入的增加提升了企业的出口倾向,但是对出口强度的增加无显著影响;对于小型企业而言,研发投入增加则对企业出口倾向和出口强度均无益。从企业省域差异影响看,我国各省区技术创新对出口规模的作用差异较大,除传统出口大省外,西部一些省区近年来技术创新与出口的蓬勃发展值得关注。在企业技术创新对出口作用的效率研究中,东部省区出口的效率普遍高于西部省区,但是从技术创新对出口影响变动的因素分解看,全国各省区普遍表现出技术进步的特征,只是在纯生产效率和规模效应变动上存在差异。

虽然本书已经就我国工业企业技术创新对出口贸易的作用进行了细致的研究,但是由于受到文献资料、数据条件等客观条件的限制,以及研究者本身知识结构和研究能力的限制,对该领域问题的理解和研究还有上升和拓展空间。企业技术创新与出口行为之间具有复杂的关系,对这种关系的解密和深入挖掘,对于我国工业企业技术水平的发展、整体实力的加强,乃至我国国际竞争力的提升都具有重要的意义。

目 录
CONTENTS

第1章 绪论 ·········· 1

1.1 研究背景 ·········· 1
1.2 研究目的 ·········· 3
1.3 核心概念的界定 ·········· 5
    1.3.1 技术创新 ·········· 5
    1.3.2 出口行为 ·········· 6
    1.3.3 技术创新模式 ·········· 7
1.4 研究问题 ·········· 8
1.5 研究内容与研究方法 ·········· 9
    1.5.1 研究内容 ·········· 9
    1.5.2 研究方法 ·········· 10
1.6 研究的难点和创新点 ·········· 11
    1.6.1 研究的难点 ·········· 11
    1.6.2 研究的创新点 ·········· 11

第2章 理论及文献综述 ·········· 13

2.1 相关理论综述 ·········· 13
    2.1.1 技术创新相关理论研究 ·········· 13
    2.1.2 出口贸易相关理论研究 ·········· 16
    2.1.3 企业技术创新与出口贸易关系理论研究 ·········· 18
2.2 相关文献综述 ·········· 21
    2.2.1 企业技术创新与出口贸易关系文献研究 ·········· 21
    2.2.2 国外学者相关文献研究 ·········· 23
    2.2.3 国内学者相关文献研究 ·········· 25

第3章 我国规模以上工业企业结构特征 ... 28

3.1 企业技术创新对出口作用测度指标的筛选 ... 28
3.1.1 我国工业企业创新能力特征测度指标 ... 28
3.1.2 我国工业企业规模特征测度指标 ... 29
3.1.3 我国工业企业成本控制特征测度指标 ... 30

3.2 数据的处理和数据质量评价 ... 31
3.2.1 数据的处理 ... 31
3.2.2 数据质量的评价 ... 32

3.3 我国规模以上工业企业结构特征描述 ... 33
3.3.1 产业分类下企业出口结构特征 ... 33
3.3.2 规模分类下企业出口结构特征 ... 36
3.3.3 创新模式分类下企业出口结构特征 ... 38
3.3.4 省域分类下企业出口结构特征 ... 40

3.4 我国规模以上工业企业出口与创新综合特征差异性研究 ... 42
3.4.1 不同出口类型企业创新行为差异分析 ... 42
3.4.2 不同创新类型企业出口行为差异分析 ... 42

3.5 我国企业出口与创新行为的国际比较 ... 43
3.5.1 企业创新行为的国际比较 ... 43
3.5.2 企业创新对出口行为作用的国际比较 ... 45

3.6 本章小结 ... 46

第4章 创新模式差异下技术创新对出口影响的实证研究 ... 47

4.1 问题的提出 ... 47

4.2 企业出口影响因素选取的理论依据 ... 48
4.2.1 影响企业出口行为因素的探讨 ... 48
4.2.2 企业出口行为与创新实践关系的探讨 ... 50

4.3 模型的建立与估计 ... 51
4.3.1 模型指标体系的建立 ... 52
4.3.2 模型构建 ... 58

4.4 企业出口行为与创新关系分析 ... 59
4.4.1 企业技术创新对出口倾向作用分析 ... 59
4.4.2 企业技术创新对出口强度作用分析 ... 61

4.5 本章小结 ... 63

第5章 规模差异下技术创新对出口影响的分析 ··· 65

- 5.1 企业规模差异作用的理论依据 ··· 65
  - 5.1.1 企业规模差异下技术创新与出口关系的研究 ··· 65
  - 5.1.2 研究方法选择 ··· 67
- 5.2 大型企业创新行为对出口贸易作用分析 ··· 67
  - 5.2.1 大型企业基本特征描述 ··· 67
  - 5.2.2 大型企业研究模型的建立与拟合结果 ··· 68
  - 5.2.3 大型企业非技术创新因素影响分析 ··· 70
  - 5.2.4 大型企业技术创新因素影响分析 ··· 71
- 5.3 中型企业创新行为对出口贸易作用分析 ··· 72
  - 5.3.1 中型企业基本特征描述 ··· 72
  - 5.3.2 中型企业研究模型的建立与拟合结果 ··· 73
  - 5.3.3 中型企业非技术创新因素影响分析 ··· 75
  - 5.3.4 中型企业技术创新因素影响分析 ··· 76
- 5.4 小型企业创新行为对出口贸易作用分析 ··· 77
  - 5.4.1 小型企业基本特征描述 ··· 77
  - 5.4.2 小型企业研究模型的建立与拟合结果 ··· 78
  - 5.4.3 小型企业非技术创新因素影响分析 ··· 79
  - 5.4.4 小型企业技术创新因素影响分析 ··· 81
- 5.5 本章小结 ··· 81

第6章 区域差异下技术创新对出口规模的影响分析 ··· 83

- 6.1 基于省域差异的分析的提出 ··· 83
  - 6.1.1 技术创新对出口作用的省域差异研究综述 ··· 83
  - 6.1.2 面板数据模型构建 ··· 84
- 6.2 大型企业技术创新对出口规模影响的区域分析 ··· 85
  - 6.2.1 大型企业基本特征的区域描述 ··· 85
  - 6.2.2 大型企业研究模型的建立与拟合结果 ··· 86
  - 6.2.3 东部大型企业实证检验分析 ··· 88
  - 6.2.4 中部大型企业实证检验分析 ··· 88
  - 6.2.5 西部大型企业实证检验分析 ··· 89
- 6.3 中型企业技术创新对出口规模影响的区域分析 ··· 89

  6.3.1 中型工业企业基本特征描述 ······ 89
  6.3.2 中型企业研究模型的建立与拟合结果 ······ 90
  6.3.3 东部中型企业实证检验分析 ······ 92
  6.3.4 中部中型企业实证检验分析 ······ 92
  6.3.5 西部中型企业实证检验分析 ······ 92
 6.4 小型企业技术创新对出口规模影响的区域分析 ······ 93
  6.4.1 小型工业企业基本特征描述 ······ 93
  6.4.2 小型企业研究模型的建立与拟合结果 ······ 94
  6.4.3 东部小型企业实证检验分析 ······ 95
  6.4.4 中部小型企业实证检验分析 ······ 96
  6.4.5 西部小型企业实证检验分析 ······ 96
 6.5 本章小结 ······ 96

第7章 技术创新对出口影响的效率研究 ······ 98

 7.1 效率问题的提出及应用 ······ 98
  7.1.1 企业技术创新对出口作用效率问题的提出 ······ 98
  7.1.2 效率问题的研究应用 ······ 99
 7.2 研究方法 ······ 100
  7.2.1 CCR – DEA 方法 ······ 100
  7.2.2 超效率 CCR – DEA 模型 ······ 101
  7.2.3 Malmquist 方法与 DEA 方法的结合 ······ 102
 7.3 工业企业技术创新对出口作用的省域效率评价 ······ 103
  7.3.1 投入产出指标确定 ······ 103
  7.3.2 创新对企业出口作用的省域效率评价 ······ 105
 7.4 工业企业技术创新对出口效用因素分解的省域分析 ······ 107
  7.4.1 指标确定 ······ 107
  7.4.2 Malmquist 指数分解结果分析 ······ 107
 7.5 本章小结 ······ 110

第8章 研究总结与展望 ······ 112

 8.1 主要结论 ······ 112
 8.2 研究展望 ······ 114
  8.2.1 拓展研究内容 ······ 115

  8.2.2　丰富研究形式 …………………………………………… 115
  8.2.3　强化研究方法 …………………………………………… 116
  8.2.4　加强研究结果的应用 …………………………………… 116

参考文献 ……………………………………………………………… 117

第1章

绪　论

1.1　研究背景

开放的市场经济发展模式实行30多年来,中国经济总体实力显著增强,对世界的影响力也不断扩大,尤其是在国际贸易领域,更是成就斐然。中国海关总署发布的信息显示,2007年我国货物出口总额达到12177.8亿美元,货物进口总额达到9559.5亿美元。2009年,即使在金融危机的影响下,我国外贸出口总额仍达到12016.7亿美元,出口总额首次超过德国,跃居全球第一。巨大的外贸总量彰显着我国贸易大国地位的确立,但是我国的出口贸易却仍存在较多问题,我国仍未跻身于世界贸易强国的行列。

随着知识经济的发展和全球化浪潮的加剧,国际贸易的竞争更多地体现在知识和技术的争夺上。从我国1999－2007年出口贸易总额,以及高技术产品出口额的变化情况看,我国的出口贸易发展迅速,特别是2002年之后,我国出口贸易额以年均30%的增长速度快速扩张。但从我国商品贸易结构看,主要是以低附加值、低技术含量的劳动密集型产品为主,体现创新能力的高技术产品出口额的发展相对缓慢,甚至在部分年份出现了较大幅度的下滑。2004年我国政府提出提高自主创新能力,加强核心竞争力的创新发展政策后,高技术产品出口出现了一轮增长高潮,2004－2007年间,高技术产品出口额平均增长速度达到了8%。但是高技术产品的增长速度仍然低于货物出口的平均增长速度(图1－1),说明我国外贸结构存在高端化产品占比较低的问题。从我国出口贸易领域的内部原因看,我国出口企业一直以来都将数量和价格静态比较优势作为进入国际市场的竞争力基础,而企业本身往往不具备较强的抵御风险的能力,一旦遇到突发事件,将会受到重大损失。从国际市场看,在发达国家中以技术为标志的企业创新能力已经成为提升企业出口竞争力的基础和关键,谁拥有了先进的技术和新产品,谁就能够在国际贸易中占据高端的价值链位置,获得更多的利益。技术和创新已经成为决定企业在国际市场中生死存亡的关键因素。

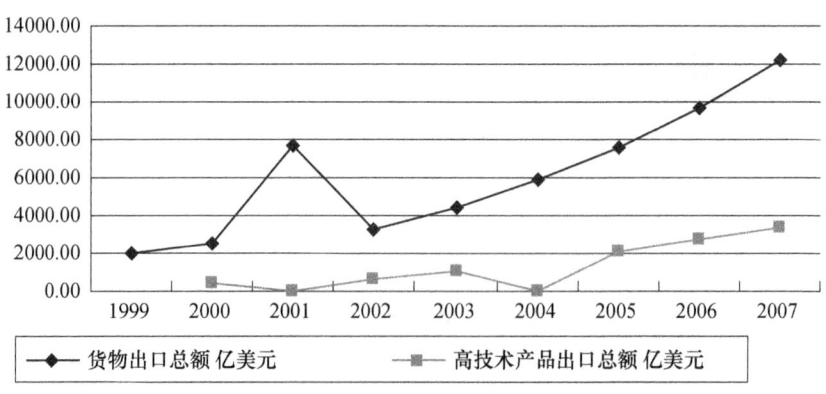

图 1 - 1　我国货物出口总额和高技术产品出口总额(1999 - 2007 年)
数据来源:货物出口总额数据来自《中国统计年鉴》;
高技术产品出口总额数据来自 IMD 国际竞争力调查数据库

我国外贸的快速发展,在提升经济利益的同时,也使得企业和国家面临着国内外双重压力。长期以来,价格低廉成为我国企业出口商品的标志,为了争夺市场,近年来,来自美国和欧洲等发达国家的技术贸易壁垒,以及反倾销案例时有发生,一旦这样的事件出现,受害的总是我国出口企业,尤其是一些中小企业。在没有核心技术优势的前提下,一旦遭遇反倾销等制裁措施,往往最终会以破产倒闭而告终;从国内形势看,由于我国出口企业多数以加工贸易为主,不仅技术含量低,而且具有高耗能的特点。我国本就不是一个能源十分充足的国家,这种低附加值、低技术、高耗能出口产业结构的继续恶化,必定使我国已经十分紧缺的能源雪上加霜,不仅加重整个国家发展的瓶颈,而且对身处其中的企业来说也有害无利。

20 世纪 80 年代末,技术引进是我国企业技术创新的主要方式和渠道。该方式确实在提升我国企业技术水平方面发挥了作用,但是随着国际形势的变化,这种创新方式的弊端不断显现出来:①在技术引进渠道下,我国企业买到的通常都是发达国家早就已经过时的技术或产品,对提升我国企业在国际市场中的竞争力作用有限;②企业长期在技术引进模式下发展,往往会形成一定的依赖性,从而缺乏自主创新的意愿和动力,不利于企业竞争力的提升;③随着知识和科技在国家和企业之间的竞争越来越激烈,各个国家都在加强对知识或技术的保护,不论采用何种手段进行保护,都是对我国企业技术引进的阻碍,同时,也是对我国企业出口贸易的阻碍。

随着这种以价格静态比较优势为基础的国际贸易增长方式的进一步发展,其弊端也越来越明显,不论是从企业层面还是从产业层面,乃至整个国家都已经充分意识到,提高我国企业在国际贸易中的地位,必须依靠技术的提升和创新能力的发展。20世纪90年代末,国家发展改革委员会、商务部和科技部就共同提出"支持和鼓励引进先进技术,加强引进消化吸收和再创新,促进中国产业技术进步,提高企业的自主创新能力和核心竞争力,加快转变外贸增长方式,早日实现从'贸易大国'向'贸易强国'的历史性跨越"的总体策略和目标。因此,借鉴国内外企业发展的经验,本研究认为加大企业的研发投入,开发更多更优的新产品、新技术,不仅对企业进入国际市场大有益处,而且从长远看,对我国企业在国际市场的稳定发展也起到关键作用。

1.2 研究目的

从我国的经济发展背景看,出口贸易的提升是确立我国国际地位的关键,也是将中国经济做大、做强的关键。而在中国的出口贸易总额中,工业产品出口占据了绝对优势,但是技术创新对工业企业产品出口的作用如何仍然未得到统一的认识。因此从企业层面考虑技术创新对出口行为的作用,可为我国利用出口贸易增强国际竞争力提供重要的理论依据和智力支持。

企业的运作和发展通常是多种因素共同协调的结果。我国自改革开放之后,各种形式所有制经济得以正常发展,从那个时候开始,我国企业才正式踏入国际市场。进入21世纪以来,我国的综合国力不断提升,这其中有很大的部分要归功于我国企业在国际市场中的不俗表现。但是仍需认识到,由于我国实行市场经济的时间较短,企业的发展还面临着诸多问题,整个社会的经济政策也在不断的改善变动之中,每一次的政策变动都对企业,尤其是中小型企业有较大的影响。我国企业出口主要以工业产品为主,但是由于我国工业行业整体技术水平与国外发达国家存在差距,因此处于产业链的最低端。改革开放初期,我国工业企业只能靠加工贸易,生产一些低附加值的商品,通过国家的税收支持进入国际市场,获得微弱利润。但是,随着我国经济整体实力的加强,我国企业人力资本低、产品价格低的比较优势正在不断转移到新兴的第三世界国家中。为了应对这种优势转移,企业便需要积极地发展新技术,生产新产品,提升自主创新能力及产品的国际市场竞争力。

创新能力的建设具有投资拉动的特点,近年来我国在研发上的投入总量不断提升(图1-2)。1997-2007年间,我国的研发费用投入总量以非常高的速度增长,企业的研发投入占据了全国研发投入的主体,并且其地位不断提升。2007年我国研发费用支出总额中有70%来自于企业支出,因此企业已经成为国家创新能力建设和提升的主体。同样我国研发人员总量以及企业的研发人员总量也处于平稳的上升趋势中,企业研发人员在全国研发人员总数中所占比例不断提升,2007年全国研发人员中已有68%分布在企业。总体来看,我国创新主力正在不断地向企业偏移。企业创新能力的强弱在很大程度上决定着一个国家的整体创新能力以及国际竞争力的水平。因此,对企业技术创新能力进行相关研究具有重要的现实意义。

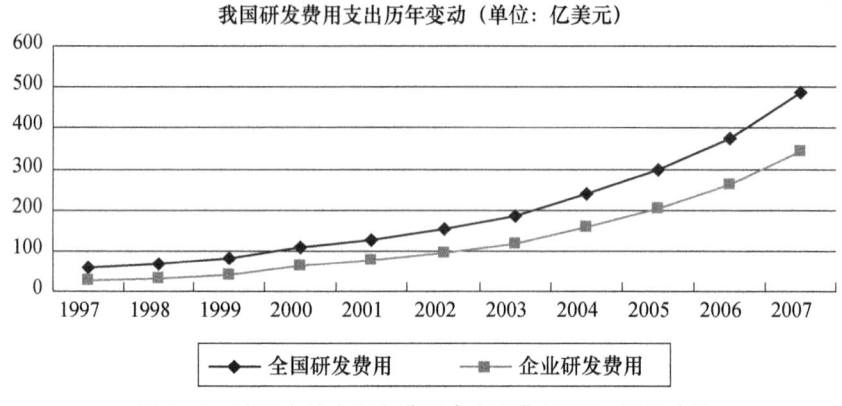

图1-2 我国全社会研发费用支出变化(1997-2007年)
数据来源:IMD国际竞争力调查数据库

从国外企业的发展规律看,大量的创新资源投入会带来企业及全国创新能力的提升,反映在国际贸易领域,即是产品竞争力的加强和贸易条件的改善。但是对于我国而言,巨大的研发费用和研发人员投入,是否真正起到了促进企业出口贸易发展以及提升企业出口贸易结构的作用,还不能定论。同时由于我国出口产品长期的低价优势,创新带来的产品技术优势是否会像多数发达国家一样提升了企业的出口倾向,也值得我们去探讨。对于发达国家适应的多数经济规律,在不同的国家、不同的产业和企业中,往往会得到不同的结果。基于我国工业企业发展的特殊环境和企业本身所具有的特殊属性特征,研究我国工业企业的技术创新行为对其出口行为是否具有影响,这种影响程度的强弱,以及与国外发达国家企业发展历程的一致性和区别所在,为我国工业企业的创新能力发展、出口竞争优势的转变和增强提供智力支持和政策借鉴,即是本书研究的主要目的。

1.3 核心概念的界定

在技术创新与企业出口贸易关系的研究领域,尤其是在实证研究分析中,对于技术创新概念的理解已经形成一定的理论基础,但是学者们所持观点各异,至今该领域内对技术创新概念的界定还未统一。为了保证本书实证分析的准确性和精确性,须对书中所使用的核心概念进行界定和厘定。

1.3.1 技术创新

技术创新经济学创立以来,学术圈内对技术创新内涵和概念的界定一直存在较大的争议,本书将技术创新的概念界定为:技术创新是企业为了获取长远的商业利益,重新组织生产要素和生产条件,通过创新资源的投入,或创新实体成果(主要指新产品产出)的产出,来实现企业在生产、销售等环节中的利润的创新行为。本书技术创新概念的界定建立在对技术创新学较有争议的三个方面的解释和理解上。

(1) 对技术创新概念中"技术"的界定。广义而言,技术是指人类在科学实验和生产活动过程中认识和改造自然所积累起来的知识、经验和技能的总和[①]。在技术创新经济学中,主要从技术与非技术的对比中来界定其内涵。国外学者中较大的一个流派认为,技术创新应该以创造出具有实用价值的新产品为主要标志;对立流派则认为,新产品的生产是技术创新的标志之一,但不是唯一的标志;如 M. G. Mackey 就认为技术创新应该包括与技术产生和应用有直接联系的那些基础研究和市场行为(M. G. Mackey,1975)。通过将理论依据与我国实际国情的结合,本研究认为技术创新中对"技术"的界定更加倾向于后者,即技术创新不仅包括新产品的生产,而且也将企业的研发投入行为纳入到技术创新的考察范畴之内。

(2) 对技术创新的程度的界定。在技术创新经济学中,对技术或产品的"新"的程度判断一直存在较大的差异,一般而言在获得市场成功的前提下,根据创新的程度可将创新分为三个层次:①根本性的创新;②有重要改进的创新;③较小改进的创新[②]。在技术变动的强度上,创新经济学也存在较大争议,其中一派认为只有产生了新产品的创新活动才能叫做是技术创新,而通过市场销售、组织管理等手段获得的企业改进并不能算作是技术创新的范畴;另一派则

[①②] 傅家骥,《技术创新学》,北京:清华大学出版社,1998 年。

认为技术创新不仅要包括实体产品的生产,更包括不通过获得新技术而实现企业发展的增量型改进。本研究偏向于前一种观点,即认为由于企业的组织管理、销售策略等因素的改进而实现的企业的整体发展不能算作是技术创新的范畴,而只有进行了有关新产品生产的创新活动的行为才可归属为企业的技术创新行为。

(3)关于技术创新的效果的界定。技术创新的效果最终是要在市场中得到体现的,因此在创新经济学中,何谓成功的技术创新一直存在争论,是否只有取得了一定的盈利、市场地位和份额,或是技术水平优势的创新活动才能称得上是技术创新呢?缪尔赛认为,"成功不应仅体现为创新实现初期的盈利,因为许多创新近期是在为一些非盈利目的的服务,他主张对技术创新的成功应用用一个包络线来界定。本书同样认为,鉴于我国的现状,不可从效果上对技术创新要求过于严格,我国的技术创新起步本身就晚,起点本来就低,因此当期的技术创新投入可能要经过一段时间的延续后才可转化为新产品等创新成果,同时创新成果的出现也可能要经过一段时间的发展才能对企业占据市场份额和技术优势提升发挥效用,但是企业利用技术创新追逐商业利润的目标却是不会改变的。因此本书并不认为当期新产品未给企业带来明显利益改变的创新行为不属于技术创新,只要企业的技术创新行为明确出现,不论其是否对企业的现期状况有所改变,都应计入技术创新范畴。

1.3.2 出口行为

企业出口行为是一个非常宽泛的概念,它包括企业出口贸易的流程、出口贸易的方式、出口贸易的商品结构等众多子概念。对于本研究而言,主要探讨的是技术创新对企业出口的概率、强度、规模以及效率的影响,因此主要对这四个子概念进行界定。

出口倾向:从字面意义上理解,它是指企业某种产品出口到国际市场的可能性。一般而言,出口倾向的测算可通过调查问卷获得,但是这种方式下获得的概率值,具有十分明显的主观判断性质,其对真实信息的反映程度值得怀疑。因此本书通过利用企业的客观信息构造模型,推测企业的出口可能性,并且采用相对的概念来定义企业的出口倾向,即是指,随着模型中所确定的对企业出口行为具有影响的因素指标数值的变动,企业选择出口的概率与选择不出口的概率之间的差异变化。

出口强度:本书中出口强度指标主要反映了企业的出口依赖性,它是指企业的产品销售总收入中,出口产品销售收入所占的比重。一般而言,企业的产品销售收入中,出口产品所占比重越大,则企业的出口依赖性越强,受到国际市场的影响也越大,因此企业在技术创新能力以及风险抵御能力上的要求也会高于出口依赖性较低的企业。

出口规模:本书中出口规模指标是指企业的出口产品销售总额。一般来说,企业产品出口总额的大小是与企业的规模等因素紧密联系的,企业规模越大,生产能力就越强,在国际市场中竞争的优势就多,则销售总额也可能越高,因此对企业出口规模进行评价以及模型构建时,必须考虑到各种外部因素的影响,避免不同级别的企业混为一体进行出口规模的比较和研究,从而产生误导。

出口效率:本研究将出口效率概念界定在一系列的"生产过程"中,即从生产过程的角度探讨出口的投入产出效率。这个生产过程是指以企业的技术创新资源为投入,以企业的出口总额为产出的要素转化过程,并且根据技术创新学理论对技术创新在企业发展中的影响过程的理解,可将这一"生产过程"进行二次分解,包括技术创造过程以及技术创新成果的出口影响过程。在这些"生产过程"中,企业的技术资源投入相对于出口产品的销售总额而言,只有达到一定的合理的比例时,即只有达到帕累托最优效率之后,才可能在不对其他经济体造成危害的同时,通过提高技术创新来增加出口的销售收入。因此对于不同经济体的出口效率的测度,可发现其在技术创新的出口影响过程中,是否存在效率损失等情况,并可以此为基础,探讨引起这种效率变动的因素影响。

1.3.3 技术创新模式

技术创新是本研究中最为核心的概念之一。在技术创新经济学理论中,存在一些较为成熟的技术创新分类方法,例如根据技术创新过程中技术强度的不同,可分为渐进性创新和根本性创新;根据技术创新的对象不同,可划分为产品创新和过程创新等[①]。但是这些技术创新分类方法偏重于理论的分析,而实用价值偏低,因此在本研究中,力图结合已有数据的特点,重新归纳我国工业企业的技术创新类型。

在本书对技术创新概念的界定中,主要从企业技术创新的投入和产出两个方面来考虑,因此在对技术创新类型的划分中,同样要从投入和产出入手。创新资源的投入是企业进行技术创新的基础,只有拥有了充足的创新资金和创新人员之后,企业才有条件进行积极的研发等创新活动。新产品是技术创新最重要的阶段性成果,同时也是企业应用技术创新成果开拓国际市场的基础。因此我们将技术创新资源的投入和创新成果的产出状况作为对企业创新模式进行

---

① 傅家骥,《技术创新经济学》,北京:清华大学出版社,1998年,16-17页。

定义的主要依据,具体到本研究所使用的数据和指标状况而言,最终确定以研发费用支出指标作为技术创新投入的衡量,以新产品产值指标作为技术创新成果的衡量,那么技术创新的类型可以划分为:

自主技术创新型:属于这种技术创新模式的企业,不仅具有主动创新的意识,而且技术创新行为也确实取得了实体性质的成果。这种技术创新模式企业符合技术创新理论中最严格的定义,是最具有自主创新意识的企业类群,而且创新成果的转化和生产能力也非常强。

技术资源开发型:这种技术创新模式的企业只具有研发费用的支出,却无新产品的生产。符合该技术创新模式的企业具有积极的创新意识,但是由于技术创新的成果转化能力和开发能力的限制等,并未在当期实现新产品的生产。但是我们仍然认为该模式下的企业应划分为技术创新企业类群之内。

技术成果应用型:这种技术创新模式企业拥有新产品,但是企业内部却无研发资金的投入。符合该种技术创新模式的企业具有技术创新的本质特征,只是创新成果的取得并非是依靠当期的企业内部创新资金投入而产生,它可能是企业通过技术购买,或是前期投资等方式得到的,但是企业对技术成果的应用十分重视。

非技术创新模式:这种类型的企业并没有创新资源的投入以及创新成果生产行为,根据本研究对技术创新的定义,故将其划分在技术创新模式之外。在分析过程中,假定该类型企业生产、经营或出口行为等的改善,主要是依靠企业的管理、销售模式等非技术因素,而非依靠技术创新能力的提升。

1.4 研究问题

本书通过对我国规模以上工业企业 1999—2006 年间出口行为、创新行为以及技术创新对出口行为影响进行分析和研究,力求解释以下几个问题:

(1) 我国企业国际化程度如何?

(2) 我国企业的创新行为现状及发展趋势如何?

(3) 我国企业的出口与创新行为在各省区间、各产业间是否存在着差异?

(4) 企业的哪些特征因素能够很好地区分出口企业与非出口企业?

(5) 整体来看,我国企业的创新行为对企业出口倾向和出口强度具有怎样的影响,这种影响会因为企业规模,或是所属产业不同而有差异么?

(6) 不同创新类型的大、中、小型企业在出口特征、创新行为特征上是否存在差异,它们的创新行为对企业出口倾向和强度的影响有何不同?

(7) 不同省区的大、中、小型企业的创新行为,以及其他特征对企业出口额变动的影响如何,在不同省区间、不同规模企业间是否存在差异?

(8) 各省区规模以上工业企业技术创新对出口行为影响的效率如何?技术创新对企业出口影响过程中,各影响因素在省域间的差异如何?

1.5 研究内容与研究方法

1.5.1 研究内容

本书借鉴国内外创新经济学和企业出口贸易行为的前沿理论,结合我国工业企业技术创新与出口贸易的实际情况,综合应用规范分析与实证分析相结合、描述分析与模型分析相结合、静态分析与动态分析相结合的研究方法[①],围绕我国企业技术创新对出口行为的影响,分别从技术创新对企业的出口倾向的影响,技术创新对企业的出口强度的影响,各省区企业技术创新对出口行为影响的门槛效应,各省域技术创新对出口作用的效率,以及影响效率的各因素的对比等方面进行研究。

全书共分为三大部分,遵循从理论到实证分析,最后通过实证分析得到基本结论与启示的研究路线。

第一部分是理论研究与文献探讨,以及实证研究的背景分析,包括第1章~第3章。第1章主要介绍了本书的研究背景、研究目的和问题、研究的内容和所使用方法,以及研究的难点和创新点;第2章对本研究所涉及的理论和文献分别进行阐述,在理论阐述部分分为技术创新理论、国际贸易理论,以及技术创新与出口贸易的关系三个部分,在文献综述部分主要对国内外学者在技术创新对出口贸易作用领域的研究进行介绍和剖析;第3章包括本书所用企业数据整体结构特征的描述,以及对企业数据的整理和筛选过程。

第二部分包括第4章~第7章,是全书的实证分析部分。第4章是文章研究的起点,主要分析创新模式因素影响下,企业的技术创新对出口倾向和出口强度的作用,同时模型中考虑企业的规模类型和行业类别虚拟变量,探讨这两个因素对企业预测的精度的影响;第5章是第4章研究的深入,在第4章验证企业的规模类别对模型精度存在影响的基础上,专门探讨在企业创新模式和规模因素双重影响下,不同类别企业间技术创新对出口行为作用的差异;第6和第7章均是考虑在企业省域归属差异下,企业技术创新对出口的作用,其中第6章主要通过构造面板数据模型分析各省区技术创新对出口总量影响的方向和强

---

① 陈芳,《我国汽车行业创新能力与竞争力提升的统计研究》,中国人民大学博士论文,2008年。

度,第 7 章则利用数据包络分析方法(DEA)测算各省区工业企业技术创新对出口行为影响的效率,并分析影响企业技术创新对出口作用变动的影响因素。

第三部分是结论部分(第 8 章),对前述各章的研究结果进行总结,并提出研究展望。

1.5.2 研究方法

本研究属于学术层面的应用研究,主要利用企业基层数据,对我国规模以上工业企业的技术创新行为与出口行为的特点进行描述,并应用统计和计量经济学分析和研究方法,对技术创新对企业出口行为的作用进行模型分析和判断。本研究中所使用的具体方法如下:

(1) 规范分析和实证分析相结合的方法。企业创新能力与出口能力之间的研究起源于国外,因此在规范分析中,着重加强对国外学者相关文献的学习,借鉴国外学者对于不同国家企业创新行为与出口行为之间关系的理解和剖析,以及他们在分析问题时所采用的模型与方法;同时也学习了国内学者在企业出口与创新领域的研究文献,更加深入地了解我国现阶段企业的创新和出口状况,特别是我国企业创新能力的发展历程以及存在的不足之处,我国企业在处理创新行为与出口行为的关系上,应该具有中国自己的特色,而这种特色是国外学者的文献所无法体现的。

(2) 描述分析与模型分析相结合的方法。本研究不仅根据企业的创新模式、地域属性、行业属性等分类标准对我国规模以上工业企业的各个类群进行描述统计分析及差异分析,并且在这些数据的基础上,采用了不同的统计和计量经济学模型进行深层次信息挖掘。在第 4 章中,采用独立样本的均值检验方法确定可以进入模型的基础测度指标。在第 4 章、第 5 章中采用了 Logistic 模型判断企业创新行为与出口倾向之间的关系,并采用 WLS(加权最小二乘回归)方法判断出口企业的创新行为与企业出口强度的关系。第 6 章对不同省区的企业出口额与创新行为的关系分析中,采用变系数固定效应面板数据模型分析方法,判断各省区企业技术创新对出口的影响。第 7 章应用数据包络分析方法(DEA)判断各省域企业技术创新投入与产品出口之间的效用,并利用 Malmquist 指数思想与 DEA 方法相结合,对造成这种投入产出关系变动的因素进行分解和分析。除此之外,在企业特征的描述分析部分,采用了图表相结合的方法对不同类型企业进行比较,并采用方差分析方法以判定彼此差异的显著性。

(3) 静态分析与动态分析相结合的方法。国家统计局工交司的规模以上工业企业调查数据是本研究的基础数据之一,该数据库中包括 1999 – 2006 年全国规模以上工业企业的详细信息,因此具备动态分析的基础。在描述统计分析中,不仅分析了2006年我国规模以上工业企业当前的技术创新与出口贸易状况,以及2006年我国规模以上工业企业技术创新对出口行为作用的效率评价,而且就1999－2006年的我国工业企业发展情况和趋势进行分析。在统计和计量经济模型分析中,利用Logistic模型和加权最小二乘回归模型分析2006年我国工业企业当前技术创新对出口行为的概率和强度的影响,并且利用2001－2006年间省域数据构建面板数据模型,判断和预测各省区工业企业技术创新对出口规模的作用,并分析造成各省区创新投入与出口产出关系变动的影响因素。

1.6 研究的难点和创新点

1.6.1 研究的难点

在本书研究中,有三个难点需要突破:

(1) 对企业技术创新行为内涵的理解。虽然当前提升技术创新能力已经成为全社会普遍关注的问题,但是对其内涵和外延的界定却没有统一的说法,本研究必须根据研究目的对创新的内涵给予自己的理解和界定,同时要决定采用何种指标来界定企业的技术创新行为。

(2) 对我国企业的现实状况的理解。对企业出口倾向和策略的选择,应该更多地从企业经营者的思想上去找根源,对企业创新政策和出口政策的影响因素的找寻必须有现实支持,只有这样才能探讨出企业创新与出口贸易间的真实关系。

(3) 判断和推测企业创新行为和出口行为之间的作用关系时,需要对模型有较好的把握。本研究中所用Logistic模型是目前较为常用的判断方法,但是只有在对该模型深入理解的基础上,才能准确合理地利用该模型。同时本书中所用面板数据模型,以及数据包络分析方法的应用中也存在相同的困难。另外对模型中变量的选取要有一定的原则和标准,不同的变量往往会对模型的整体效果造成巨大影响。如何采用合适的模型、合适的变量也是本研究一个较大的难点。

1.6.2 研究的创新点

本研究的特色和创新点主要体现在三个方面:

(1) 研究立意。一直以来,国内学者对进口贸易与进口国企业技术创新之间的相互作用研究较多,而忽略了出口贸易与出口国企业技术创新能力之间的作用研究,且在已有的研究中,研究方法也较为局限,整体而言,该领域的研究力度和深度还远远不够。因此,本研究在借鉴已有理论分析与方法分析的基础上,依靠基层企业统计数据,对各种类型工业企业的出口与创新行为进行对比,并构造统计和计量经济模型,从企业创新模式、企业规模、省域归属等角度分析技术创新对企业的出口行为的影响。同时,本书还加强对企业技术创新与出口行为过程中的效率问题的研究,不仅评价效率大小,而且探求引起两者之间作用变动的因素。

(2) 研究形式。本研究基于基层工业企业数据,既遵循国外经典研究的分析思路,同时结合中国企业发展特色,分两条主线层层深入。在对国外学者研究思路进行细致总结后,依据本研究数据特点,对国外学者所用模型进行改进和完善,不仅从企业创新模式角度考虑技术创新的出口影响,而且将企业规模与创新模式的交互影响纳入考虑范围之内,充分验证企业特征对其技术创新的出口作用的影响;在结合中国特色所进行的企业技术创新对出口行为的影响研究中,不仅从企业区域与规模特征的交互作用入手,分析技术创新对出口规模的影响强度,而且更加偏重于对各省区企业技术创新的出口影响的效率问题的研究。综合而言,本研究力求在研究方法、研究结果上有依可寻,并能够与国内外学者的相关研究进行交流和对比。

(3) 研究方法。本书采用不同方法对该领域问题进行渐进式剖析,既注重方法的严谨性,也注重分析的细腻性,实现多角度科学认识企业技术创新对出口贸易行为的作用:采用 T 检验均值比较方法选择显著影响到企业出口行为的因素,而非主观选择;舍弃 tobit 和 probit 模型,采用 Logistic 模型研究工业企业技术创新对出口倾向的影响;采用加权最小二乘回归方法建立模型,用于解决普通最小二乘回归中可能出现的异方差问题,研究技术创新对已经进入国际市场的企业的出口强度的影响;在面板数据模型中,采用变系数固定效应模型分析各个省区的工业企业技术创新对出口行为作用的门槛效应;采用 Sup - CCR - DEA 方法测算并评价各省域的技术创新对工业企业出口作用的效率,解决有效决策单元的排序问题。同时通过 Malmquist 指数思想与 DEA 数据分析方法结合使用,以各省域的工业企业总体为研究对象,对企业技术创新与产品出口关系的变动进行因素分解,探讨引起各省区在考察期内技术创新与产品出口关系变动的原因。

第2章 理论及文献综述

技术创新一直是学术界和实业界重点关注的问题,至今关于技术创新的理论和研究仍然层出不穷。随着国际化趋势的加强,技术创新,尤其是企业的技术创新对出口贸易的影响已经成为研究的热点。本章对国内外学者对于技术创新、出口贸易以及两者之间关系的理论进行学习和阐述,并对技术创新对出口贸易作用的研究领域已有的研究成果进行综述。对这些理论和研究成果的学习和领悟,是确定本研究脉络和研究内容的基础。

2.1 相关理论综述

2.1.1 技术创新相关理论研究

1. 技术创新理论的起源

1912年熊彼特在其著作《经济发展理论》中提出的"创新理论"是经济学中创新概念的起源。在该书中,熊彼特认为创新就是"建立一种新的生产函数,把一种从来没有过的关于生产要素和生产条件的新组合引入生产体系"。具体来看包括五种情况:"引入一种新产品,引入一种新的生产方法,开辟一个新的市场,获得原材料或半成品的一种新的供应来源"[①]。熊彼特的创新概念覆盖面较大,包括技术创新和非技术创新。

2. 技术创新理论的发展

随着新技术革命的发展,越来越多的学者和专家对创新,以及技术创新的内涵和意义做了更加深入的分析,技术创新理论得到了进一步的发展。

---

① 赵宇,《创新视野下波音公司发展历程》,华东师范大学硕士论文,2008年,第3页。

20世纪60年代美国经济学家华尔特·罗斯托在其"起飞"六阶段理论中将经济发展分为"传统社会阶段、起飞前提阶段、经济起飞阶段、成熟推进阶段、消费阶段、追求生活质量阶段",并在该理论中,将"创新"概念深入到"技术创新",认为技术创新是创新体系中的主导因素[①]。

1962年,伊诺斯在《石油加工业中的发明和创新》中第一次直接对技术创新做了明确的解释,他认为"技术创新是几种行为综合的结果,这些行为包括发明的选择、资本投入保证、组织建立、制定计划、招用工人和开辟市场等"。而林恩(G. Lynn)则认为技术创新是"始于对技术的商业潜力的认识而终于将其完全转化为商业化产品的整个行为过程"[②]。

迈尔斯和马奎斯作为美国国家科学基金会的主要倡议者和参与者,1969年在其研究报告《成功的工业创新》中将创新定义为技术变革的集合。他们认为技术创新是"一个复杂的活动过程,从新思想、新概念开始,通过不断解决各种问题,最终使一个有经济价值和社会价值的新项目得到实际的成功应用"。其后他们在《1976年:科学指示器》中对技术创新的定义是"技术创新是将新的或改进的产品、过程和服务引入市场",并且明确地将模仿和不需要引入新技术知识的改进作为最终层次的两类创新形式划归为技术创新[③]。

3. 技术创新理论的成熟

20世纪七八十年代,对技术创新理论的研究已经形成系统,技术创新理论进入到成熟发展时期。在这一时期内,中国国内学者也开始涉足到技术创新领域的研究中来。

1974年厄特巴克在《产业创新与技术扩散》中认为"与发明或技术样本相区别,创新就是技术的实际采用或首次应用"。

弗里曼从经济学的角度考虑创新。他认为从经济学的角度看,技术创新只是指新产品、新过程、新系统和新装备等形式的技术第一次转化为商品进行生产和销售。他在《工业创新中的成功与失败研究》(1973年)中提出"技术创新是技术的、工艺的和商业化的全过程,其导致新产品的市场实现和新技术工艺与装备的商业化应用"。随后他又在《工业创新经济学》(1982年)修订本中明确指出"技术创新就是指新产品、新过程、新系统和新服务的首次

---

① 赵宇,《创新视野下波音公司发展历程》,华东师范大学硕士论文,2008年,第3页。
②③ 参考:傅家骥,《创新经济学》,北京:清华大学出版社,1998年,第6页。

商业性转化"①。

我国对技术创新的研究始于20世纪80年代,其中最有代表性的是傅家骥先生,他在《创新经济学》(1998年)中对技术创新的定义是:"企业家抓住市场的潜在盈利机会,以获取商业利益为目标,重新组织生产条件和要素,建立起效能更强、效率更高和费用更低的生产经营方法,从而推出新的产品、新的生产(工艺)方法、开辟新的市场,获得新的原材料或半成品供给来源或建立企业新的组织,它包括科技、组织、商业和金融等一系列活动的综合过程"②。此外,彭玉冰、白国红在《谈技术创新与政府行为》(1999年)中将技术创新定义为:"企业技术创新是企业家对生产要素、生产条件、生产组织进行重新组合,以建立效能更好、效率更高的新生产体系,获得更大利润的过程。"③

随着我国经济实力的进一步加强,以及在国际市场中地位的不断提升,党和政府也越来越重视技术创新对经济发展的重要促进作用,出台了一系列的政策支持和鼓励企业、政府以及大中专院校和科研机构加强技术创新能力,力图更大地提升我国的自主创新能力和国际竞争力。

4. 技术创新理论的新发展

进入21世纪以来,随着知识经济的进一步发展,学术界和实业界对技术创新的认识进一步深化和具体,该时期认为技术创新是科技、经济一体化的过程,其表现为技术进步与应用创新的"双螺旋结构"特征。在该阶段,新的以需求为导向,以人为本的创新模式得到了广泛的重视。这种新的技术创新模式是各种创新主体、创新要素相互作用下所激发的一种现象,也是技术进步和应用创新的相互作用的产物。同时,在知识经济和社会的背景下,信息通信技术的融合与发展也加速了社会形态的变革,使得传统的实验室边界淡化,这些变化推进了科技创新的新模式的形成和发展。这种新的创新模式要求创新的各个环节联系更加紧密,并且高度重视技术经营方面的运行和操作,这就需要创新模式更加侧重于创新成果的运用④。

我国在技术创新领域的研究起步较晚,且在技术创新研究效率以及技术创新成果的应用上还与先进国家之间存在较大差距。近年来,党和政府大力号召企业加强自主创新能力,从"产—学—研"的模式到"技术引进消化吸收再创

---

① 赵宇,创新视野下波音公司发展历程,华东师范大学硕士论文,2008年,第4页。
② 傅家骥,《创新经济学》,北京:清华大学出版社,1998年,第13页。
③ 彭玉冰,白国红,《谈技术创新与政府行为》,南京经济学院学报,1999年第4期,第78页。
④ 参考 http://baike.baidu.com/view/15381.htm

新"再到"以自主研发为主的自主创新"的发展模式,我国学者和专家对技术创新的理解不断深入,技术创新的工具和道路越来越贴合中国的实际国情。但是我国企业的技术创新建设过程中还存在着诸多问题,如创新资源的缺乏、创新效率的低下,以及创新成果的转化应用等方面。因此,对我国企业技术创新的更加细致研究仍需不断发展下去。

目前,在国内学术界,对技术创新的分类办法有很多,较为常见的有:根据技术应用对象的不同,分为产品创新、工艺创新和管理创新。产品创新主要指生产出新产品的技术创新活动;工艺创新主要指发生了工艺流程及制造技术的改善的技术创新活动;管理创新是指产生新的组织管理方式的技术创新活动。根据创新的程度不同,可将技术创新分为全新型技术创新和改进型技术创新等。因为调查制度的规定,本书所用数据指标中涉及技术创新的指标只有新产品产值和研发投入,且研发费用的支出对各种技术创新模式的分配各有多少,以及新产品的内涵等都存在一定的模糊性,因此本研究对技术创新的出口影响研究过程中,会遇到创新模式划分的阻碍,故只能根据数据和指标情况,利用已有信息在企业技术创新模式划分上进行适当的变通。

2.1.2　出口贸易相关理论研究

在国际贸易理论的发展历程中,技术一直都被认为是出口贸易发生的基础和决定因素之一。但是在国际贸易理论发展的不同阶段,技术在出口贸易中的存在形式,以及对出口贸易的作用形式也有所不同。大致看来,技术在出口贸易中作用的理论研究分为三种类型:技术作为外生的静态因素;技术作为外生的动态因素;技术作为内生的动态因素[①]。

早在古典贸易理论发展时期,就将技术差异看作是国际贸易发生的基础原因,只是在古典国际贸易理论基础下,国家与国际之间的技术差异是外生的、不变的,而国际贸易的形成是由既定的资源禀赋决定的。以亚当·斯密和李嘉图为代表的比较优势学说认为,每个国家在生产同一种产品或是同质产品时都会有不同的价格,这种价格之间的差异是由于两国之间劳动生产率的差异带来的,劳动的熟练程度是造成劳动生产率差异的主要原因,同时也反映出各国劳动者技术方面的差异,这种既定的技术差异(通过劳动生产率的差异来表现)被认为是国家间贸易发生和发展的基础。

随着对各国国际贸易实务的发展特点的进一步了解和研究,多数学者发现

---

① 出口贸易相关理论综述主要参考了黄静波、孙晓琴,"技术创新与出口——理论与实证研究的发展",《国际贸易问题》,2007年第9期,124 – 125页。

各国生产同种或同质产品的劳动生产率并不是一成不变的,即国家之间的技术差距是不断变化的。因此,将技术定位于外生的、动态的决定因素,是国际贸易理论发展的新趋势。

其中最具代表性的是波斯纳(Posner)提出的技术周期转移论,他在论文《国际贸易与技术变化》中,放松了 H-O 假定,认为各国的技术水平是不同的,因此技术水平在生产体系中是一种独立的生产要素,而同时承认技术差距是国际贸易尤其是工业制成品贸易存在的基础。首先获得或开发新产品或新工艺的国家将占据一定垄断地位,从而成为技术领先国,并且由于其他国家获得这种新技术还需要一定时间,即"模仿滞后"(imitation lag),这样该技术领先国也就同时成为了技术出口国。随着新产品出口扩大,产品中包含的技术通过专利转让、示范效应、直接投资等方式转移到技术追随国,这样技术领先国和技术追随国之间的技术差距不断缩小,而技术领先国又开始寻找新的技术和工艺。这样看来国家之间同种或同质产品的技术差距确实是国际贸易得以发生的基础,但是这种技术差距却是随着国家贸易的发展而不断缩小的。波斯纳的理论解释了国际贸易产生的原因,技术优势不是固定的,而是随着时间在国家间流动,但是技术从一个国家扩散到另一个国家中间有个"时滞",这个"时滞"取决于进口国的收入、进口国学习技术的渠道、消化吸收能力等。

马库斯和斯文森(Makusen & Svenson)1985 年研究了差异条件下的贸易模式。研究假设两国的资源配置比例和需求偏好相同,并且产品的生产需要两种以上的生产要素,但是不具有规模经济。马库斯和斯文森认为"只要两国在技术水平上存在差距,那么劳动生产率就会产生差距,而在国际贸易中,国家总是会出口本国劳动生产率相对较高的产品"。

国家间技术差距是不断变化的,而且技术并不是外生于国际贸易系统之外的,而是在国际贸易的发生过程中与其相互促进和适用的。技术水平的提升使得国家在国际市场中具有更大的竞争力和更多的比较优势,因此其贸易条件会不断优化;同时,贸易的蓬勃发展促使国家进行更多的研发和创新,从而不断提升产品及劳动者的技术水平,扩大与其他国家的技术差距。因此技术是内在于经济和贸易发展的大系统中的。很多学者都就技术对国际贸易的内生动态作用进行了研究。

克鲁格曼(Krugman)1979 年通过单一劳动要素均衡模型研究了南北两地区的产品周期。模型假设北方的技术变化是外生的,同时北方的技术向南方转移也是外生的。因为北方的研发能力和创新水平相对较高,创新产品的垄断性也高,这样北方的劳动报酬要高于南方。在均衡状态下,由于缺乏创新动力和技术转移,北方的创新产品垄断地位会不断失去,从而贸易条件恶化,两国劳动者报酬也趋于平衡。为了保持北方的垄断地位,北方必须继续加强自己的创新能力,同时减弱对南方的技术转移或扩散。因为资本总是流向技术创新率较高的地区,因此北方向南方出口新产品,从南方进口旧产品的贸易格局会进一步加强。

格罗斯曼和海尔普曼(Grossman & Helpman)在其合作的论文《质量阶梯和产品周期》中建立了一个将技术变化作为内生变量的动态均衡模型,认为"北方是技术创新者,而南方是技术模仿者,北方国家拥有较强的技术创新能力,因此他们能够取得产品的垄断地位。但是南方国家却通过各种途径对北方产品进行模仿,同时由于南方国家具有一定的成本优势,这样就会在一定程度上削弱北方产品的垄断地位,直到北方国家又有新产品生产",这种不断循环的产品周期即是格罗斯曼和海尔普曼所重点表述的北方技术创新和南方技术模仿之间的关系;创新为模仿提供基础,模仿促进了新的创新,这样南北国家都可以沿着质量阶梯不断提升。每种产品都经历这样一种周期循环,由北方出口最终变为由成本较低的南方国家生产并出口。

阿罗(Arrow)在《从干中学的经济含义》中提出了"干中学"理论,强调学习的重要性,并认为知识本身就是一种生产要素,通过知识的学习和经验的积累才会带来技术进步。在阿罗的理论中学习有两个效应:"由于生产了更多的资本品而积累了更多的知识,从而促进下一代资本品技术含量;由于知识具有公共产品的特性,最终会使得各生产要素生产率都有所提高"。Young(1991)利用干中学模型研究技术在国际贸易中的作用,认为贸易"是由于技术引发的,而不是由于资源禀赋差异所造成的。发达国家由于拥有较多的优势,因此是高技术产品的主要生产者,同时他们也有更多的干中学机会。而发展中国家本身就处于劣势地位,主要生产的都是技术含量较低、附加值较低的初级产品,因此干中学的机会非常少"。同时 Young 在其研究中还提出人力资本的大量供应能够通过干中学效应,促进科技进步和高技术产品的生产。

2.1.3　企业技术创新与出口贸易关系理论研究

正如上述的技术创新与出口贸易理论的内涵和发展过程,就企业层面来说,技术创新与企业的出口贸易之间的关系类似于"鸡生蛋、蛋生鸡",它们之间这种双向互动的关系,使得任何一方都不单纯是另一方的原因,也不单纯是另一方的结果。

企业创新活动与投入对出口行为的影响主要有两种方式或渠道:一种是企业创新活动与创新投入的使用,使得企业开发并生产新产品,在这里,新产品的确切定义为:通过采用新技术原理、新设计构思研制生产,或结构、材质、工艺等某一方面有所突破或较原产品有明显改进,从而显著提高了产品性能或扩大了使用功能,对提高经济效益具有一定作用的作用,并且在一定区域或行业范围内具有先进性、新颖性和适用性的产品。创造出新产品的生产过程即是技术创新过程,而新产品生产对改善企业出口条件、增强企业出口竞争力具有直接影响。另一种是企业的创新活动或投入,通过非技术创造过程,改善企业组织、经营等环节,从而产生提高产品质量和出口竞争力的溢出作用,来对企业出口造成影响。这两种关系的简单作用途径如图 2 - 1 所示。

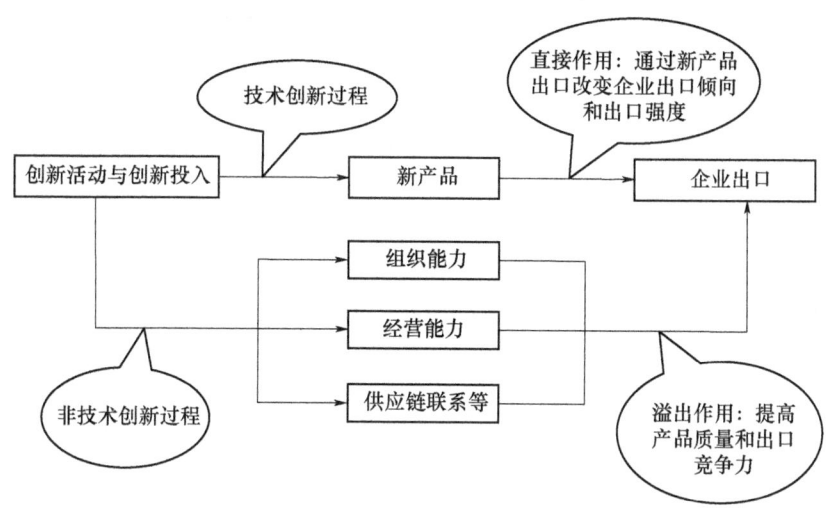

图 2 - 1　企业技术创新与出口贸易关系图解

图形上方标注的箭头指出了企业创新对企业出口行为的直接作用过程。直接作用主要指的是企业创新过程中所投入的资金和人力,在有机结合和相互作用之下,以新的生产方式、新的产品结构、新的产品材料或是新的产品工艺等技术创新过程,成功地创造出新产品,而由于具有了这种新产品而对企业出口造成的影响就是企业技术创新对出口行为的直接作用;图形下方标注的箭头表示的是企业技术创新行为的溢出作用对出口的影响。这种作用是指企业的创新投入并没有成功地创造出新产品,但是这种创新投入却通过改善企业组织能力、经营能力、供应链关联等非技术创新方面而对企业的出口行为带来影响,这种作用便是创新行为的溢出作用。

企业创新的直接作用过程包括两个阶段。第一个阶段是企业的技术创新过程,技术创新是一个十分复杂的过程。企业在创新方面所投入的资金和人员,要经过创新系统的相互作用后才能够最终转化为新产品的产出,这个系统的相互作用过程随着企业特征的变化,所要经历的时间长短也有所不同。通常而言,规模较大、效益较好的企业往往在研发方面的投入力度也较大,而且这些大型企业拥有较完善的价值链和生产链,往往能够从供应方或是需求方中获得更多的信息和技术,这样自身的研发投入转化为成果的时间可能更短。而对于中小型企业来说,企业的基础不如大型企业扎实,同时资源渠道也不如大型企业多,这样在相同的研发投入的情况下,往往要付出多倍的努力才能得到与大型企业相同的创新成果,而这种创造的过程也往往会更困难,时间更长。

第二个阶段即是企业所生产的新产品对企业出口的影响过程。在这个过程中,企业的创新投入(包括资金投入和人力投入),经过企业的具体运作,与企业现有的各种生产要素有机结合,相互协调,经过一段时间的相互作用之后,转化为新产品,而根据创新经济学和国际贸易相关理论,这种新产品就是企业进入国际市场的"敲门砖"。在知识经济的发展浪潮下,企业要想顺利进入国际市场,就必须要具备一定的比较优势。我国企业过去往往是通过价格比较优势顺利"挤"进国外市场,却只能获得非常微弱的利润,一旦国际形势发生变化,其遭受风险冲击的概率非常高。而成熟的企业往往是以动态比较优势作为其在国外市场竞争的资本,其中新产品是企业动态比较优势的最好体现。这是因为,新产品具有动态变化的特性,根据产品生命周期理论,第一阶段:研发企业往往是世界领域新产品的创造者,当新产品被他们研发出来之后,利用这种比较优势,可以顺利地进行出口,占据其他国家的市场;第二阶段:当这种新产品在一定国家普及之后,那些经济实力、研发能力较好的企业通过技术溢出或是模仿制造,从而实现了新产品生产转移到这些企业或国家之中,这样原先的研发国只获得技术转让费用等,而又开始研究新的产品或技术;第三阶段,当大量经济实力、研发能力较好的企业都能够生产这种新产品后,该种产品的利润开始下降,而通过将新产品对经济较不发达国家的出口,使得技术转向了这些第三世界国家的企业,而这些国家的企业往往在创新能力尤其是自主创新能力方面较弱,这样,原来的新产品生产企业又去学习和模仿新的技术,相反创新能力较弱的企业开始生产这种新产品,而这时这种新产品已经不是真正意义上的"新"产品,将这种"新产品"推入国外市场,也往往只能依靠价格优势。

由此看来,企业出口竞争力的强弱是由出口产品的"新"的程度,即技术含量决定的。新产品是相对性的,产品越"新",拥有的技术越尖端,那么创造这种新产品的企业的出口竞争力就越强,通过生产并出口这种新产品所获得的利润就越大。在新产品技术转移链越低端的企业,其生产该种产品的出口竞争力就越小,生产并出口这种新产品的利润就越低。由此看出,企业作为利润的追求者,是否选择出口要由出口所能带来的利润决定,这也是为什么多数发展中国家在国际市场上处于劣势地位的原因。

企业的创新投入往往要面临很大的风险,即使是大企业也往往会遇到创新投入得不到任何新产品的情况,但是只要企业的创新投入开始在企业内部运作,不论是否能最终创造出新产品,它都将对企业产生潜移默化的影响,而这种影响就是所说的溢出作用。研发人员往往积累了较高的知识和技能,他们不仅对尖端技术熟悉,而且对国际市场环境和规则也有较多的了解。研发人员在使用研发资金的过程中,往往要根据国际国内市场环境和标准来进行操作。在这个过程中,企业的整个生产和销售流程都在向国际市场靠拢,自然当企业进入国际市场,面对全新的市场环境和规则时,能够较快地适应下来。同时为了使研发资金发挥最大的效用,企业必须不断完善其组织系统以及经营系统,并且在企业供应链的供给方和需求方的选择上,要更加倾向于创新型企业。这样企业的研发投入及其继后的应用使得企业对市场变化的适应能力不断增强,供应链中与高技术的创新型企业联系更加紧密,而且组织和经营系统更加高效,这样,即使企业没有创造出新产品,它仍能以高质量的产品和优质的企业形象实现产品的出口,在国际市场中占据一定的席位。

2.2 相关文献综述

2.2.1 企业技术创新与出口贸易关系文献研究

多数学者在进行企业创新与出口之间关系的实证研究时,都提出了两者之间关系假设的理论基础,其中 Wakelin(1998)提出企业的出口行为和创新行为之间有两种理论,第一种理论是"新生产要素"模型,该模型的专业性在于它建立在生产要素、劳动力资本、最易得的人力资本和知识之上;第二种理论观点是技术基础模型,例如波斯纳提出的贸易的技术差距理论和弗农提出的贸易的生命周期方法。

大部分贸易流动的部门研究都选择了技术基础理论,出发点在于证明创新公司将会是净出口者,而非净进口者,并且创新者将会面对更低的价格和更高的收入弹性。Greenhalgh(1990)在对英国 31 个部门净出口的检验中,使用了 SPRU 数据库,该数据库包括生产的创新成果以及在部门中的使用情况。她发现考察的部门中有一半的净出口企业受益于部门内或部门间创新。在接下来对 Greenhalgh 最初分析的扩展中,Greenhalgh、Taylor 和 Wilson(1994)使用了专利和 SPRU 数据库中作为技术指标的创新数据,来考虑创新在净出口量和出口价格双方面的作用。Greenhalgh、Taylor 和 Wilson(1994)还考虑使用潜在研发使用作为一个创新指标,但是他们认为该指标"对可利用的创新产出,以及时间和产出率的更大的外生性来说都是一个低等的指标。可利用的创新产出从统计意义和概念意义两个方面进行测量,但是与研发投入有很长的滞后期"。笼统地来看,早期的研究得出了相似的结论,都认为创新测量对贸易额和贸易平衡具有一致的积极作用。Greenhalgh 等建议使用创新的存量指标来表示知识存量或过去创新数,要优于使用流量指标,例如研发投入或专利。在实践中,由于年度时间长度较短,他们被迫用 3~5 年的平均值去表示真实的存量测量。

Wakelin(1998)在检验 9 个 OECD 国家 22 个产业的部门贸易流动时,从技术差距条件中选择了一个方法。该研究将出口流动与对技术投资(研发,专利,英国 SPRU 创新率)联系在一起。该研究允许创新行为对贸易行为存在产业内和产业间的外溢。机械部门的创新,例如机器,对机器出口具有直接的益处,并且还可能通过技术溢出使得其他潜在出口制造业部门获益。Wakelin 的研究结果对创新与出口流动之间存在积极关系给予了强大的支持,虽然该结果对技术和创新指标的不同使用非常敏感。

Anderton(1999)以生产的产品的质量和种类来代表技术指标,研究了研发和专利行为对贸易量和价格的作用。在技术进步和创新上的投入使得国家对其产品进行技术升级,通过"质量梯子",实现出口需求曲线向外和进口需求曲线向内的转变。Anderton(1999)对英国 6 个工业部门的进口和出口量以及进口价格进行了模型估计。研究发现:相对研发支出和相对专利申请行为都对进口量有显著的消极作用,但是对出口量和进口价格的作用微弱。在一个更加专业的研究中,Anderton(1999a)考虑了英国和德国的双边贸易,并在对技术指标进行相似定义的前提下重点关注进口量和金额。又一次,技术指标是进口量的重要决定要素,但是不同于 Wakelin(1998),Anderton(1999a)并没有发现相对研究支出和相对专利申请行为在技术密集行业具有更加重要的作用(同样的结论可见 Ioannidis 和 Schreyer,1997)。另外,Anderton(1999a)还发现在分割的产业部门中,研发和专利申请行为之间不存在重要性的差异,并且相对研发支出或是专利申请行为对出口量的影响在英国和德国之间也不存在稳定的差异。

企业层面关于贸易与创新的研究由于缺乏进口额和贸易价格数据而受到限制,因此研究更多地集中在出口额或是更专业的出口强度(企业出口额占销售收入的比重)上。正如前述的部门研究一样,对于企业出口倾向性有两种不同的解释。第一,如果企业拥有某种要素的自然的垄断,或者位于一个要素丰富的特殊部门内,那么企业的竞争优势便是基于要素的。如果对传统因素的范围进行扩展,在模型中除了劳动力和资本因素外,加入人力和组织资源的不同纬度的变量,那么这种解释类型和公司竞争力的资源基础模型之间的相似之处就变得十分明显,因此争论就变为了验证不同类型的生产要素是否能够决定企业在出口市场的竞争优势以及出口的能力。Wakelin(1998a)验证了平均资本强度和出口倾向性之间的正向关系,而 Sterlacchini(1999)证明了企业资本存量的技术水平与出口倾向性之间具有积极的关系。另一个较为常见的发现是出口倾向性与企业规模之间的非线性关系,企业规模变量本身就是企业资源基础强度的一个代理指标(Kumar 和 Siddharthan,1994;Wakelin,1998a;Sterlacchini,1999)。

第二种非排他性的解释,与企业在实施新的技术或者开发新产品时所进行的投资和取得的成果相联系。这本身就是由社会决定的,或者是由决策规则、企业的学习能力和适应能力(Metcalfe,1997)、社会习俗(Morgan,1997)、组织和人际交往中相互作用的强度和范围(Maillat,1991;Grabher 和 Stark,1997)所形成的进化过程。企业研发功能的出现,刺激了创新,而这种创新是通过在创新线性模型中设想的技术推进过程来实现的。研发人员对企业的创造性同样具有作用,它使得企业能够更加有效地利用外部网路和信息资源(Veugelers 和 Cassiman,1990)。其他的研究重点在于高水平的人力资本对多样性和产生创新的潜在重要性。Mason 和 Magner(1994)在对比了英国和德国的机械和化学企业之后,评论道:"如果这些企业还希望能赶得上更加先进的竞争对手,即使这些企业除了采用已经发展的创新外,没有更多的愿望,现在也逐渐增加了对高素质工程师和科学家的需求,以便能够辨别相关信息并加以利用。"创新并不能完全被当作内部事务,企业外部的联系和网络同样也发挥了重要作用(Oerlkemans 等,1998)。除了释放资源限制的能力外,这些外部的联系还可以通过刺激创造、降低风险、加速或升级创新质量、标志企业创新活动的质量(Powell,1998),以及增加企业从创新中获益的能力(Gemser 和 Wijnberg,1995)等来发挥作用。

2.2.2 国外学者相关文献研究

Katharine Wakelin(1998)利用英国 SPRU 创新调查中的 1988-1992 年英国企业(包括创新企业和非创新企业)创新历史指标数据库,来研究英国企业中创新对出口行为的决定作用。出口行为要从两个方面来界定:①企业出口的概率;②出口企业出口的倾向性。在该论文中建立实证模型估计出口行为的决定要素,其中利用 Probit 模型估计企业的出口倾向,用 OLS 模型估计出口企业的出口强度。研究发现,创新型企业和非创新型企业之间的决定要素存在差异。在相同的企业规模下,非创新型企业比创新型企业更倾向于出口。然而,过去创新的数量对创新企业出口倾向具有积极的作用。另外,研究还发现大型企业更加愿意出口,因为他们拥有的创新越多,进入出口市场的可能性越大;而小型创新企业比同等规模的非创新企业更加愿意留在国内,因为出口的费用对它们来说太大了,而且这些小型的拥有一两项创新的企业在国内市场具有优势;降低单位劳动成本对创新型企业来说并不会对出口造成什么影响,具有较高单位劳动成本的企业反而更加愿意出口,并且出口强度会更大,因为这些创新企业出口高质量的产品,对价格不十分敏感。另外,较高的工资水平对创新企业和非创新企业的出口都有促进作用,这也显示了技术在出口行为中的重要作用。

Kumar 和 Siddharthan(1994)在印度 640 家工业企业 1988－1990 年数据的基础上分析了研发支出与出口之间的关系,发现在中等和低等技术工业企业中研发支出是非常重要的因素,并且得出结论,印度在高技术部门并不具有竞争优势,但是在其他部门中创新对企业表现有积极的影响。

Willmore(1992)研究了巴西贸易中跨国公司的角色,并检验了出口和进口双方面的决定因素。他发现研发支出并没有对出口有显著作用,而研发支出对企业进口起到了非常小的负面作用,解释为技术努力引起国内投入的增加,并且对进口的依赖性降低。

Hirsch 和 Bijaoui(1995)对以色列企业的研发支出和出口之间关系进行分析,以色列虽然是个小国,但是在 20 世纪 70 年代经历了出口的快速增长。他们检验了以色列 111 家企业创新优势的重要性,这些企业均有研发费用支出,并被归类为创新者。最初,作者将各个部门创新企业的出口倾向和所有企业平均出口倾向进行对比,研究发现,被归类为各个部门的创新企业出口倾向要高于部门企业平均出口倾向。在接下来的模型中,他们发现滞后的研发费用支出对解释跨部门出口变化率有重要作用。由销售收入衡量的企业规模,以及企业规模的变化作为其他企业特征的表示变量,模型显示具有显著作用。作者总结道,创新在企业出口的解释中具有重要作用,他们同样指出因为小型企业也有可能需要出口,因此企业规模并不是主要因素。

Guido Nassimbeni(2001)对分布在家具、机械和电子电器行业的 165 家小企业进行研究。该研究使用了 Logit 和 Tobit 模型作为这 165 家小型企业出口倾向的预测模型。在小型企业样本的实证研究基础上,对出口企业和非出口企业就技术和创新能力进行比较,同时还包括一些其他的企业结构因素。在模型的构造上,选取区别性因素作为预测元来建立 Logit 模型。研究证实小型企业的出口倾向与其产品创新能力,以及发展有效的组织间关系紧密相关,而与企业的技术层面(制造,质量控制,经营,设计,交流,处理,技术保存)联系并不紧密。

William R. DiPietro 和 Emmanuel Anoruo(2005)对企业出口行为与创新行为之间的作用机制做了系统的分析,认为越来越多的国家将出口扩张作为有效的发展策略。如果创造行为便利了出口,那么为了加强出口,一国至少将用一部分国力用于创建优越的创新环境,也将是值得的。为了证实其关于国家的出口行为与创造行为之间存在显著关系的假设,他们利用世界经济论坛及世界银行中多个国家数据构造回归模型,分析创新及其四个组成部分(创新、技术、技术转移和商业启用)是否对国家出口总额,以及国家出口构成产生任何影响,最终得出的结论证实了他们的假设。

Stephen Roper 和 James H Love(2001)利用英国和德国中可比较的企业调查数据来证实决定这两国企业出口行为(包括出口可能性和出口倾向)的因素间是否存在差异。结论证实两国企业的创新行为都对其出口倾向产生了积极的作用。在英国企业创新行为还对企业的出口倾向有积极作用;而在德国虽然企业的创新行为强度很高,但是其创新强度和出口倾向的增加却不明显。同时对英国和德国的创新企业和非创新企业针对相同的决定因素进行研究时发现,两国企业之间的差距很大。特别是英国的创新企业在从他们的创新供应方处通过溢出效应进行创新的能力很强,这也可能反映出不论企业的创新行为如何,其相互协作的需求方的作用将阻碍企业的出口。

2.2.3 国内学者相关文献研究

陈建、陈昭(2006)[1]利用我国 2002 - 2004 年 31 个省区的面板数据建模,分析技术创新对我国高技术产品出口的影响,并分东中西部分别探讨技术创新对高技术产品出口作用的地区差异。研究结果表明研发费用支出对我国高技术产品出口的作用积极且显著,而专利申请、科技活动人员数、全员劳动生产率对高技术产品出口的影响作用并不显著,同时还发现东部地区的研发经费对高技术产品出口的弹性小于中西部地区,而其全员劳动生产率对高技术产品出口具有促进作用。

姚利民、方妙杰(2007)[2]利用我国 31 个省区构造面板数据,分别从我国企业的创新投入和创新产出两个方面探讨技术创新对企业出口贸易的影响,同时模型中还考虑到资本和人力两个生产要素的作用。研究结果表明技术创新已经成为我国企业出口的重要优势资源之一,同时劳动力对出口的作用积极,但是资本的投入对出口贸易有着逆向的倾向,而人力资本投资对企业出口的作用并不明确。

---

[1] 陈健,陈昭,"技术创新对我国高技术产品出口影响的省际面板数据分析",《科技与经济》,2006 年第 6 期,17 页 - 20 页。

[2] 姚利民,方妙杰,"技术创新促进中国出口贸易的实证研究",《国际商务研究》,2007 年第 3 期,12 页 - 17 页。

中国工业企业技术创新的出口行为影响研究

张军(2008)[①]在我国对外贸易的国际竞争力分析的基础上,提出了技术创新在我国国际贸易中的作用和地位。他认为高技术产业的发展是技术创新在国际贸易中作用的最佳体现,并提出我国高技术产品整体效益不高,附加值率低;出口方式以加工贸易为主;高技术产品出口的主导力量为外资企业;高技术出口企业科技创新能力不足等现存的一系列问题。在对我国国际贸易中技术创新的现状分析后,作者提出加强我国贸易竞争优势,增强自主创新能力,转变贸易增长方式的有效途径为建立以外贸企业为主体的贸易促进技术创新体系;建设和完善促进技术创新的中介机构;完善鼓励发展贸易促进技术创新的知识产权制度体系;营造有助于贸易促进技术创新发展的社会氛围;实践推动贸易促进技术创新的人才战略;站在全球化角度认识技术创新。

袁立辉(2008)[②]从技术进步角度探讨对国际贸易的影响,认为技术创新是技术进步最核心因素,而不同的技术进步模式对国际贸易的影响也会有所不同。针对我国国情来说,应该在出口部门发展资本节约型技术进步或是在进口竞争部门发展中性技术进步;同时还指出要大力发展核心技术,提高我国企业的竞争力。

林琳(2008)[③]在对山东省技术创新与贸易竞争优势的产业分布和动态变迁进行分析研究的基础上,利用不变弹性函数分析山东省技术创新对出口绩效的作用。研究结果表明山东省技术创新的产业分布与贸易竞争优势基本吻合,汽车、化工等出口需求弹性较差的行业研发费用支出促进了产品品质的改善与新产品生产,改善了贸易条件和出口绩效。同时研究还发现对于资本技术密集型产业来说,其参与国际贸易的主要形式仍是垂直产业内贸易模式。

高书丽、阮铃雯(2009)[④]利用1991-2006年我国的出口贸易、研发资金投入,以及研发人员等相关数据对我国整体技术创新对出口的影响进行分析,并且考察了研发经费的不同执行部门对出口的影响。研究结果发现,在全国层面上来说,研发经费对出口具有显著的促进作用,而研发人员对出口的作用不明确,同时研发经费执行部门中企业对出口的促进作用要大于研究与开发机构、高等学校以及其他事业单位的影响。

虽然通过技术创新提升出口竞争力已经成为各国企业以及产业达成共识

[①] 张军,"技术创新与中国对外贸易关系发展的实证研究",《经济经纬》,2008年第6期,40页-43页。
[②] 袁立辉,"技术进步效应对国际贸易的影响",《时代经贸》,2008年第3期,92页-93页。
[③] 林琳,"技术创新、贸易竞争优势与出口绩效的实证研究——以山东省为例",《国际贸易问题》,2008年第11期,68页-73页。
[④] 高书丽,阮丽雯,"技术创新对我国出口贸易的影响研究",《商场现代化》,2009年第2期,10页-12页。

的发展模式,但是国内学者关于技术创新对出口贸易影响的研究并不十分丰富,而且从本人已经掌握的文献资料中,不难发现,我国学者中关于技术创新对出口贸易的作用研究多集中在以省区层面分类为基础上的研究,同时还有一些学者对个别省份的技术创新对出口贸易的产业影响进行分析,而鲜见在企业层面上对技术创新的出口影响进行分析。并且从研究方法上看,主要集中在面板数据模型的应用,探讨技术创新对出口贸易是否有影响以及影响的方向,而未看到有关技术创新对企业出口倾向、出口效率等影响的相关研究。

  本书借鉴中西方学者已做的研究,从不同层面探讨技术创新对出口贸易的影响作用,其中不仅探讨技术创新对已经存在的出口贸易的作用发挥,而且在企业层面研究中,还要探讨技术创新对企业的出口决策以及出口倾向和效率的影响,力图将我国企业技术创新在出口贸易方面的作用方式和渠道研究透彻。

第3章 我国规模以上工业企业结构特征

本书所使用的我国规模以上工业企业调查数据是目前为止能够获得的最为详尽的基层企业数据,该数据基本上涵盖了我国所有的工业企业,因此数据优势是本研究进行创新的基础之一。但是由于数据量非常大,不可避免存在一定的问题,因此本章专门用两节的篇幅介绍本研究对数据和指标的处理以及质量评价。在准确稳定的数据基础上,根据全书研究内容的需要,分别从产业、规模、创新模式、省域归属四个方面对我国工业企业中出口企业与非出口企业的结构特征进行描述分析,并从统计意义上判断两者之间差异的显著性。

3.1 企业技术创新对出口作用测度指标的筛选

根据第2章关于技术创新、出口贸易以及两者之间联系的理论,以及国内外学者相关研究的介绍和学习,考虑到本书所用数据库的指标状况,本研究认为企业出口行为的变化,一方面会受到企业技术创新行为的影响,另一方面,也会受到企业的生产销售以及企业的管理等多方面因素的影响。特别是对于我国工业企业的出口现状而言,仍有一部分企业并非主要依靠技术创新能力的提升来促进出口贸易的扩大和完善,因此本研究认为对我国工业企业技术创新对出口行为的作用进行分析时,应该从企业的创新能力特征、企业的规模特征以及企业的成本控制特征三个方面进行。

3.1.1 我国工业企业创新能力特征测度指标

21世纪的竞争是技术的竞争,更是创新能力的竞争。很多学者的研究证明,大多数企业,尤其是小型企业,在进入国际市场时并不是因为独特的新产品的出现,而是靠着偶然的机遇或是与国外企业的亲密关系而获得进入机会。但是若要在国际市场中长足的发展和成长,则必须有不易被模仿和传递的新的技术或产品的出现。这也是技术创新对于企业出口的重要意义。

在作者所掌握的关于技术创新的实证研究中,创新投入和创新产出是测度创新能力的主要因素。因此,本研究初步选取新产品产值、研发费用支出,以及职工教育经费支出三个指标来衡量企业的创新投入和产出。

(1) 创新产出。新产品产值①是衡量企业创新产出能力的常用指标。它既是企业创新产出的标志,也是企业在国际市场中竞争的资本。

(2) 创新投入。研发费用支出和职工教育经费支出均是企业的创新投入特征的常用衡量指标。

研发费用支出②:本研究使用该指标作为企业创新投入的主要衡量。从我国工业企业的总体情况来看,创新活动具有明显的高投入高产出特征,一般而言,创新投入不仅包括研发资金的投入,还包括研发人力资源的投入,但是由于数据库指标的限制,在本研究中只反映资金的支持。

职工教育经费:该指标未被选用,这主要是因为本书所使用的我国规模以上工业企业数据库中,企业在填报职工教育经费指标数额时,对其的界定不很清晰,这样导致该指标并非仅仅反映企业用于职工教育的经费支出,因此为了避免分析偏颇,舍弃该指标。

3.1.2 我国工业企业规模特征测度指标

从国内外学者关于企业的技术创新对出口行为作用的研究看,除了创新能力测度指标外,学者们普遍认为企业的规模特征是影响企业出口行为的主要因素。本研究中采用五个指标描述企业的规模特征。

技术创新研究领域中,企业规模特征的衡量通常可从两个方面进行:第一

---

① 在《国家统计调查制度2005》中,新产品是指采用新技术原理、新设计构思研制生产,或结构、材质、工艺等某一方面有所突破或较原产品有明显改进,从而显著提高了产品性能或扩大了使用功能,对提高经济效益具有一定作用的产品,并且在一定区域或行业范围内具有先进性、新颖性和适用性的产品。新产品产值指报告期本企业生产的新产品价值,包括经政府有关部门认定并在有效期内的新产品,也包括企业自行研制开发,未经政府有关部门认定,从投产之日起在一年之内的新产品。

② 在《国家统计调查制度2005》中,研究开发费用是指企业用于研究与开发活动(包括基础研究、应用研究、试验发展三类活动)的全部实际支出。包括用于研究与开发课题活动的直接支出,还包括间接用于研究与开发活动的支出(院、所、中心管理费,维持院、所、中心正常运转的必需费用和研究发展有关的基础建设支出)。

个方面是企业的劳动力规模。从现代经济发展趋势看,企业的劳动力规模不仅体现在数量上,更重要的是质量的提升,因此本研究采用从业人员平均数衡量企业劳动力的数量规模,用主营业务应付工资总额衡量企业劳动力的质量规模。第二个方面以企业的运营能力反映企业的规模。本研究从企业的生产能力、销售能力和盈利能力三个层次,分别挑选现价工业总产值[1]、产品销售收入[2]、利润总额[3]三个指标反映企业的运营能力规模。

3.1.3 我国工业企业成本控制特征测度指标

成本控制一直是企业内部管理中非常重要的一环,生产能力可以通过购买先进机器和设备以及增加投资来实现,但是优质的成本管理理念和手段却需要依靠长期的积累来实现。尤其是当企业进入国际市场,不同的市场规则、不同的客户需求等都将对企业的成本管理造成冲击,如果不能迅速适应这种新环境,那么企业的发展必然会被阻碍在国际化的大门之外。本研究中采用以下指标反映我国规模以上工业企业的成本控制特征。

(1) 税金。在《国家统计调查制度2005》中,税金是指企业按规定从管理费用中支付的各种税金,包括房产税、土地使用税、车船使用税、印花税等。对于出口企业来说,税金是企业成本中非常重要的一员,税金总额的多少与企业的生产、销售等经济活动关系密切。

(2) 办公费。在《国家统计调查制度2005》中,并未对办公费进行专门的解释,但是在会计制度中,企业办公费是指行政部门在办公过程中的支出。因此企业办公费用的高低在某种程度上代表着企业经营的效率。一种高效的管理模式往往需要适度比例的办公费用支出。

(3) 广告费。在《国家统计调查制度2005》中,广告费包括企业在销售商品过程中所发生的各项广告费用支出。广告通常被认为是企业开拓市场的有效手段。广告费用的支出会给企业的知名度带来不同程度的提升,而一旦企业具有了较优的品牌认知,那么这种品牌效应便可以成为其在国际以及国内市场中竞争的保障。

---

[1] 在《国家统计调查制度2005》中,现价工业总产值指工业企业在本年内生产的以货币形式表现的工业最终产品和提供工业劳务活动的总价值量。

[2] 在《国家统计调查制度2005》中,产品销售收入指企业在报告期内销售的本企业生产的工业产品的销售收入,以及提供工业性劳务等主要经营业务取得的业务总额。

[3] 在《国家统计调查制度2005》中,利润总额指企业实现的盈亏总额,反映企业最终的财务成果,公式为利润总额 = 营业利润 + 补贴收入 + 投资收益 + 营业外收入 − 营业外支出。

3.2 数据的处理和数据质量评价

3.2.1 数据的处理

在相关部门的支持和协助下,本书获得了1999－2006年我国规模以上工业企业的普查数据,虽然该普查数据还并非是我国工业企业的全体,但是已经基本囊括了我国绝大部分的线上工业企业。该普查数据是目前为止我国最为详尽的规模以上工业企业数据,主要反映企业的生产和财务状况。但是根据本书的研究内容和研究目的,该普查数据还需进行一定的筛选和处理后才能为研究所用。本书对该普查数据的处理主要包括三个方面:

(1) 重复企业代码的处理。在该普查数据中,为了保护工业企业的信息,均不以企业的真实名称作为样本的标识,而是采用没有规律的代码作为企业的识别代码。通过对数据的预处理,发现1999－2006年,每年的普查数据中均出现了部分企业识别代码相同的状况,这些代码重复的企业数量并不多,大概每年都有10～20个,并且每年出现重复代码的企业并不相同。但是为了力求分析的准确性,本研究对每年的普查数据分别进行核对,并删除重复代码的企业条。总体来看,该项数据处理过程仅仅损失很小一部分的样本,不会对总体分布产生大的影响。

(2) 指标口径的统一。本研究所用测度指标多为金额类指标,但是在每年的工业企业普查数据中,仍然存在个别样本的某些指标值小于零的情况。这些数据条可能是由于录入或其他原因造成的错误,在无法获取真实信息情况下,本研究选择将其删除。需要进行审核的指标主要有工业总产值、新产品产值、产品销售收入、广告费、税金、办公费、研发费用支出、从业人员平均数、主营业务应付工资总额九个指标,若某样本指标值小于或等于零,则将该样本删除。经过处理,每年删除的指标数量非常少,不足样本的1‰,同样不会影响到总体分布特征。

(3) 行业代码的统一。本研究所使用的数据跨度为1999－2006年,但是在2003年,我国开始实行新的行业分类国家标准,即GB/T4754－2002,因此在新标准和旧标准之间,企业的行业属性划分就会有一定的差异。本研究将1999－2002年企业的行业划分按照新的标准重新进行分类,以求前后的统一。但是由于本研究所涉及的动态模型分析中并未用到行业分类指标,只是在我国工业企业数据的描述分析中用到,因此行业分类的差异未对本研究造成过大的影响。

部分使用本数据库的学者的研究中,将从业人员平均数少于 10 人的企业剔除掉。由于该数据库中既包含所有国有企业,也包含规模以上的非国有企业,两种类型企业进入数据库的标准不同,但是本研究并没有针对企业的所有权属性进行深入的分析,并且劳动力规模较小的非国有企业同样是我国工业企业的组成部分,且这些企业很有可能具有出口业务,因此在不存在数据录入错误的情况下,不可随意将其删除,另外这种企业总数非常少,以 2006 年为例,只有 2084 家,如果分到各种创新模式的企业中去时数量将会继续减少,因此这部分企业并不会严重影响到我国工业企业技术创新对出口的整体作用研究。

由于本研究所使用的企业普查数据中,数据缺失现象并不严重,只有个别企业个别年份的个别指标存在数据缺失,因此在建立模型时通过软件程序自动补上,不再进行人工的估计和补充。

3.2.2 数据质量的评价

由于本研究的数据量非常大,即使在对数据进行基本处理之后,仍然有可能存在数据的质量问题,但是从第 4 章～第 7 章的实证分析结果看,所使用的数据基本上能够满足研究的要求,所得结论并无明显不当之处。但是由于数据质量问题以及保密要求,使得在相关领域更加深入的研究显得非常困难。

数据的质量问题主要来自于四个方面,也就是用于反映企业技术创新的核心指标:研发费用支出、新产品产值、出口交货值的数据质量,以及 2004 年之后数据的变动所引起的质量问题。

该普查数据中,研发费用支出不包含大型的研发设备购置费支出项目以及社会的资助资金等,因此该企业研发费用支出指标并不能涵盖企业在研发行为上的所有资金投入[①],这就导致后面的实证研究中,企业研发投入对出口的作用的估计有可能存在偏差。同时研发费用支出指标的统计存在较多年份的缺失,1999 年、2000 年以及 2004 年普查数据均不包括企业的研发费用支出项,这样就会对后面的分析,尤其是纵向数据的分析带来一定的困难,缺失数据必定会损失大量的信息,因此从这个方面看,今后的研究中需要加强这一核心指标的数据完善。

新产品产值指标的数据质量问题也反映在内涵的定义,以及数据缺失问题上。在普查数据的报表填报制度中,对新产品有严格的界定,但是企业对其内涵的理解不可避免地会存在差异,这主要反映在对"新"的理解上,对于国内市

---

① 甄峰,中国工业企业创新能力与竞争力关系的实证研究,中国人民大学博士学位论文,2008 年。

场和国外市场而言,新产品的内涵会有很大的不同,有些产品在国内市场看属于首例,但是很有可能在国际市场中早已存在,因此不可避免地会存在一定的判断偏差问题,同时这也是大部分研究都无法解决的问题。另外,新产品产值同样在 2004 年存在缺失,会对一部分纵向数据的分析造成困难。

企业出口交货值的核算目前来看有两种主要的方式,一种按照工业统计的规则由企业填报的数据,另一种是从海关获得的企业出口交货值数据,这两种数据之间存在一定的偏差,进而使用不同的数据对问题的分析也会带来不同的影响。本研究中所用的企业出口交货值数据属于工业统计范畴,指的是直接来自于生产企业的,既包括代理出口,也包括自营出口的出口交货值数据。但是海关的出口额数据统计的对象是货物,也就是说如果本地企业生产的产品委托给有进出口经营权的企业代理出口,那么这些货物出口额只属于出口产品交货值,但是不属于本地出口总额统计范畴。相反,如果本地有进出口代理权的企业替别的企业代理货物出口,那么这部分货物出口数据应计入本地出口总额,而不包括在出口产品交货值中。本研究认为,企业的技术创新不仅会提升企业自营产品的出口能力,而且也会提升企业的代理经营能力,因此本研究认为用工业统计下的企业出口交货值能够较为真实地反映企业的出口行为。

另外由于 2004 年的经济普查,很多原本漏报的规模以上工业企业都进行了补报,这样 2004 年以及之后的几年中,规模以上工业企业调查的企业样本总数有了较大的提升,这同时也就造成许多指标会出现大幅度的变化,这种跨年度的大幅变动对纵向数据的分析也造成较大的障碍。

3.3 我国规模以上工业企业结构特征描述[①]

在对工业企业结构特征的描述中,我们根据企业考察期内是否具有出口交货值,将工业企业分为出口企业和非出口企业,并对不同类型企业内部出口与非出口企业的状况进行对比分析。

3.3.1 产业分类下企业出口结构特征

根据行业大类的分类标准,2006 年的 296705 家企业样本数据中,制造业企业占据了工业企业的主体,制造业企业共有 275259 家,采矿业企业有 12817 家,电气、燃气及水的生产和供应业企业最少,只有 8629 家。根据大部分学者的研

[①] 正文中列出了工业企业主要因素的结构特征分析,更多的企业结构特征在附录中以表格的形式显示,详见附录。

究发现,产业归属不同,企业出口与创新之间的相互关系会有很大的差异,因此本研究在三个产业大类下分别从出口企业和非出口企业角度衡量企业的基本特征以及技术创新特征,详见表3-1。

表3-1 产业分类下样本企业特征(2006年)

产业分类 企业特征	采矿业 出口	采矿业 非出口	制造业 出口	制造业 非出口	电力、燃气及水的产和供应业 出口	电力、燃气及水的产和供应业 非出口
平均从业人数/人	2178	407	418	152	822	361
营业利润/千元	232121	25222	9087	2999	46015	15310
企业数	829	11988	77374	197885	181	8448
有研发支出企业数	75	346	11529	16982	15	373
有研发支出企业占该产业企业总数比重	0.59	2.70	4.19	6.17	0.17	4.32
研发支出/千元	5082	198	1140	121	141	410
研发支出占管理费用比重/%	9.46	2.44	15.04	5.43	0.62	4.91
有新产品产出企业数	527	125	16264	12052	155	47
有新产品企业占该产业企业总数比重/%	4.11	0.98	5.91	4.38	1.80	0.54
新产品产值/千元	7121	647	34140	3227	13375	461
新产品产值占工业总产值比重/%	1.07	0.62	18.11	5.14	2.79	0.18

企业国际化特征:产品出口是企业走向国际化的显著标志。制造业在出口特征上与其他两个工业大类企业显示出了明显的差异(图3-1)。从产业间差异看,制造业具有出口企业总量的98.71%;从产业内部的出口企业和非出口企业的结构性差异看,制造业中出口企业占据了该产业内企业总数的28.11%,而采矿业仅为6.47%,电力、燃气及水的生产和供应业为2.10%。无论从何种角度观察,我国工业企业的国际化程度都明显偏低。

企业基本特征:从三大产业的劳动力因素看,采矿业明显具有劳动密集型产业的特征,制造业、电气、燃气及水的生产和供应业企业平均就业人数相对较少,且从各个产业内部的出口企业和非出口企业对比看,出口企业的平均规模(仅从就业人数衡量)要明显高于在国内市场竞争的企业,这种出口与非出口企业规模之间的差距在采矿业中尤为巨大,出口企业的平均职工人数是非出口企业的5倍多,而制造业几乎达到了3倍,电力、燃气及水的生产和供应业该比例

基于产业分类的企业数量分布结构

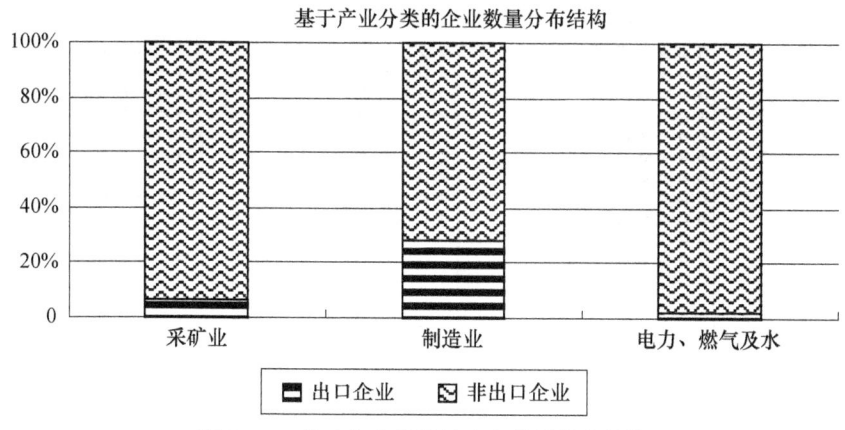

图 3-1 基于产业分类的企业数量分布结构

不足3。故由于不同产业发展战略和经营特点的差异,企业规模对出口行为的影响程度是不同的。

从企业营利能力看,采矿业企业的平均营利能力最强,但是出口企业与非出口企业之间营业利润差距很小,甚至出现出口企业平均利润低于非出口企业的现象。而制造业、电力、燃气及水的生产和供应业中,出口企业的平均营业利润都是非出口企业的3倍左右。直观来看,企业出口行为与营利能力之间的关系在各个产业间也存在较大差异。

企业创新能力特征:企业的创新能力特征可从创新投入和创新产出两个方面来考虑。三大产业创新投入与出口行为间关系存在一定的差异:采矿业和制造业中非出口企业中有研发投入的企业显著多于出口企业,但是在研发费用支出总额比较上,出口企业中虽然进行研发的企业较少,但是其研发支出平均水平以及在管理费用中的占比都高于非出口企业,可见对于这两个产业来说,出口企业一旦开始创新行为,则将会进行大量的投资;而电力、燃气及水的生产和供应业中,出口企业不仅进行研发投入的企业数量少,而且企业平均研发投入力度也较差(图3-2)。

在创新产出与出口行为间关系的产业对比中,三大产业表现出较为一致的特征,出口企业中不仅具有新产品的企业数目多,而且新产品产值在工业总产值中比重也远远高于非出口企业。在学术界,新产品是企业出口竞争力强弱的重要衡量指标,也是企业出口策略的重点得到广泛认同,因此新产品的开发和利用不仅决定着企业的出口策略,而且对出口企业的发展方向也有一定影响。

产业分类下有研发费用支出企业的企业数量结构

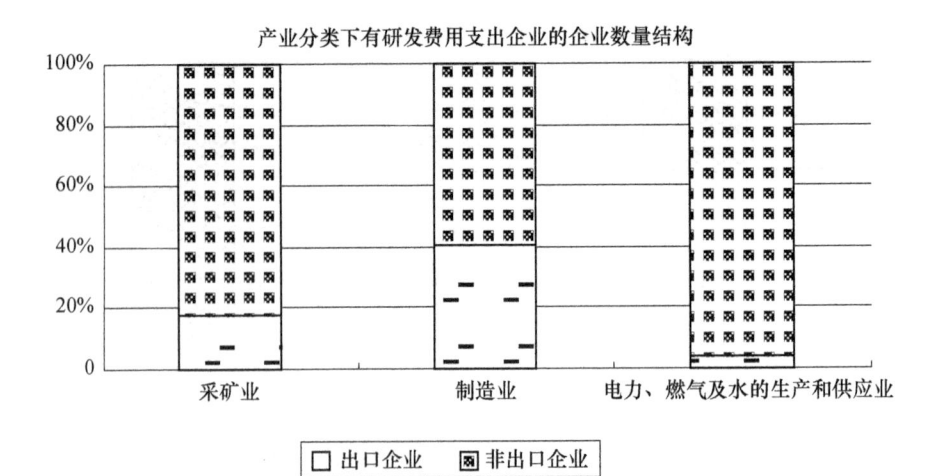

图 3-2 产业分类下有研发费用支出企业的企业数量分布结构

3.3.2 规模分类下企业出口结构特征

按照我国大中小型工业企业划分标准①,在 296705 家工业企业中,小型企业有 160231 家,占到总体的 54%,中型企业有 133909 家,占到总体的 45.13%,而大型企业只有 2565 家。我国工业企业中,中小型企业占据了市场的主体,根据其他学者的研究,不同规模的企业在创新行为和出口行为,以及两者的关系上具有不同的特征(表 3-2),因此分企业规模对企业出口行为进行研究非常必要。

表 3-2 企业规模分类下样本企业特征(2006 年)

企业分类 企业特征	大型企业		中型企业		小型企业	
	出口	非出口	出口	非出口	出口	非出口
平均从业人数/人	6598	6192	449	259	102	73
营业利润/千元	284174	374950	9254	7018	481	512
企业数	1682	883	44340	89569	32362	127869
有研发支出企业数	1078	438	8458	10740	2083	6523
有研发支出企业占该产业企业总数比重	42.03	17.08	6.32	8.02	1.30	4.07

---

① 我国工业企业大中小型工业企业划分标准为:大型企业:职工人数在 2000 人及以上,销售额为 30000 万元及以上,资产总额为 40000 万元及以上;中型企业:职工人数在 300~2000 人,销售额为 3000~30000 万元,资产总额为 4000~40000 万元;小型企业:职工人数在 300 人及以下,销售额为 3000 万元及以下,资产总额为 4000 万元及以下。

（续）

企业特征 \ 企业分类	大型企业 出口	大型企业 非出口	中型企业 出口	中型企业 非出口	小型企业 出口	小型企业 非出口
研发支出/千元	38591	11234	608	201	18	15
研发支出占管理费用比重/%	21.04	7.33	9.06	4.67	2.02	2.13
有新产品产出企业数	865	128	10726	6331	5355	5765
有新产品企业占该产业企业总数比重/%	33.72	4.99	8.01	4.73	3.34	3.60
新产品产值/千元	1055157	232373	19206	4562	726	284
新产品产值占工业总产值比重/%	23.40	5.90	11.90	3.83	4.92	2.21

企业国际化特征：我国工业企业出口总体规模不大，其中大型企业中出口企业占大型企业总数的65.58%，中型企业中有33.11%的企业具有出口行为，小型企业中20.20%的企业有出口行为。这样看来，企业的规模与企业的出口意愿呈现一定的正向关系，随着企业规模的扩大，进军国际市场的愿望也会更加强烈，而多数企业也是这样去实践的，因此在我国大型工业企业中，66%的企业都选择了出口，而小型企业由于相对弱势，选择进入国际市场的只有20%。

企业基本特征：从企业职工人数的内部结构上看，大型企业出口与非出口企业的平均职工规模之间差距不大，而中小型企业中出口企业的规模相对于非出口企业较大。在平均营利水平上，大型企业和小型企业显示出相似的特征，这两种规模企业中，非出口企业的平均营业利润额要高于出口企业，而中型企业中出口企业平均利润高于非出口企业。因此直观来看，大型和小型企业在国内市场中占有比较稳定的市场份额，而在进入国际市场后由于各种竞争和适应过程，往往盈利不如国内市场显著。

企业创新特征：在创新投入的企业比较中，大型企业显示出与中、小型企业显著的差异。在我国规模以上工业企业中，大型企业的研发投入特征与国外企业相似，即相对于非出口企业来说，出口企业中进行研发投资的企业较多（图3-3），同时研发投资力度较大，这是因为大型企业往往不再看重价格优势在国际市场中的作用，而是把目光投入到新产品的生产和销售上，因此对于需要在国际市场竞争的大型企业来讲，创新行为非常重要；而中、小型企业中非出口企业往往在研发投入企业数以及企业研发投入力度方面都要高于出口企业,在我国中小型企业拥有的创新较少,缺乏在国际市场竞争的优势,因此他们更加愿意借助创新成果在较为熟悉的国内市场竞争。

企业规模分类下有研发费用支出企业的企业数量构成

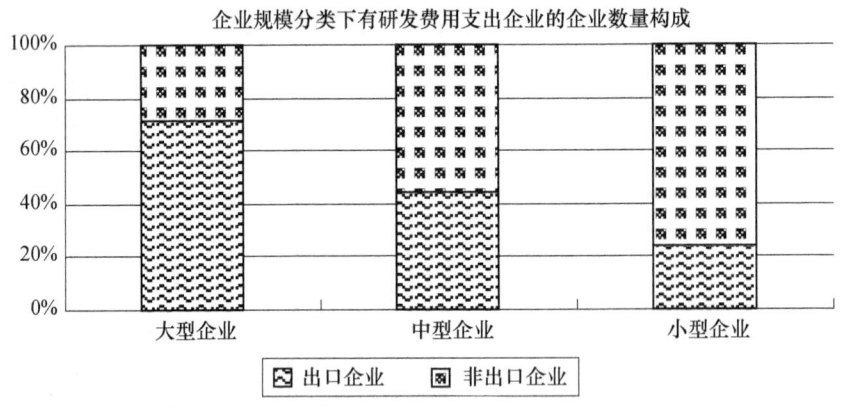

图3-3 企业规模分类下有研发费用支出企业的企业数量构成

在创新产出的比较中,大型和中型企业表现出相似的特征,即出口企业中具有较多的新产品,并且新产品产值比重也较大,而小型企业的出口企业中具有新产品的企业少于非出口企业,这又一次显示了我国小型企业创新和出口行为之间关系的特点,即创新能力的提升在初期反而会抑制小型企业的出口,因此依靠这些创新小企业能够在国内市场生存得更好,在积累够足够的资本之前,小型企业不愿选择进入国际市场。

3.3.3 创新模式分类下企业出口结构特征

目前学者们的研究中,对创新模式的分类标准不太统一,本研究采用较为常见的一种创新模式分类方法,即利用创新投入和创新产出状态进行分类。按照这种分类方式,本研究将所有企业分为四种类型:自主技术创新型企业、技术资源开发型企业、技术成果应用型企业、非技术创新型企业。其中创新投入用研发费用支出指标衡量,创新产出用新产品产出指标衡量①。各种不同创新模式下出口企业与非出口企业的基本特征对比如表3-3所示。

---

① 企业技术创新模式划分的依据已经在第1章中介绍,即既有研发投入又有新产品产出的企业归类为自主技术创新型企业;有研发投入没有新产品产出的企业归类为技术资源开发型企业;没有研发投入却有新产品产出的企业归类为技术资源应用型企业;既无研发投入又无新产品产出的企业归类为非技术创新型企业。

表 3-3 企业创新模式分类下样本企业特征（2006 年）

创新模式	出口行为	平均从业人数/人	营业利润/千元	企业数/家
自主技术创新型	出口企业	1328	43262	5569
	非出口企业	372	12319	4447
技术资源开发型	出口企业	938	47898	6050
	非出口企业	473	21080	13254
技术成果应用型	出口企业	317	7670	11377
	非出口企业	184	3477	7777
非技术创新型	出口企业	318	5161	55388
	非出口企业	148	3443	192843

这四种创新模式中，非技术创新型企业占据了我国规模以上工业企业的主体，其比重达到了84%，而自主技术创新型企业仅占到企业总体的3.4%。可见，我国企业的创新积极性还处于比较低的水平。

自主技术创新型企业代表了创新能力较强的企业群，这些企业不仅进行了研发的投入，而且取得了一定的成果。在该企业群中，出口企业占据了主体，并且出口企业规模较大，盈利能力较强，因此可以看出当创新能力较强时，出口企业的整体竞争力都优于非出口企业。

由于创新行为具有一定的滞后性，即当期的创新投入可能并不会在当期产生新产品，技术资源开发型的创新模式部分代表了这类企业群，在该企业群中，出口企业总数只有非出口企业的1/2，但是出口企业的平均职工规模以及盈利能力都优于非出口企业，这说明虽然并没有新产品的出现，但是企业所进行的研发投入却提升了出口企业的整体竞争力。

阿罗、罗默、卢卡斯等许多学者都证实了知识溢出的存在。事实上，发展中国家用于技术研发的费用支出无论在总额上还是比重上，都与发达国家有着巨大的差距，因此对于发展中国家的企业来说，通过国际贸易或是其他经济行为，将先进技术拥有者的技术有意识或无意识地转移到自身的生产中，是提升自身技术水平和创新能力的有利途径。技术成果应用型创新模式可看作是知识溢出渠道的一种反映，即企业在没有进行研发投入的情况下，通过溢出效应得以产生新产品。属于这种创新模式的企业中，出口企业占据了绝大多数，并且出口企业在职工规模、盈利能力方面都远远优于非出口企业。可见新产品的产生对企业出口行为起到显著的积极作用。

非技术创新型企业中，出口企业数量仅为非出口企业的1/3，但是出口企业的平均规模和盈利能力却好于非出口企业，这部分企业是我国工业企业的主体,对我国企业出口状况具有较大的代表性。由此可见我国规模以上工业企业中,绝大部分出口企业并没有依靠新产品来打开国际市场,而是依靠了其他的竞争优势,如价格优势等。同时在已经进入国际市场的企业中,仍有很大一部分并没有意识到技术优势对企业生存的重要性,扭转这种企业的意识和行为是提升我国企业竞争优势和出口能力的关键。

3.3.4 省域分类下企业出口结构特征

从我国30个省区2006年出口和非出口企业数量的统计结果看,大部分省区规模以上工业企业中,出口企业数量远远少于非出口企业,但是浙江和广东两省凭借优厚的地理位置和充足的经济实力,超过一半的工业企业都进入了国际市场。从全国整体情况看,有出口行为的企业数只能占到无出口业务企业数量的一半强,企业出口热情仍然不高。

企业生产能力是企业创新和出口的基础,本研究采用单位企业的现价工业总产值来衡量两种类型企业的生产能力。从整个国家的层面上看,虽然有出口行为的企业数量显著少于无出口行为的企业,但是这部分出口企业的平均生产能力却几乎是非出口企业的3倍。总之,从生产能力上看,出口企业平均水平要明显优于无出口行为的企业,并且企业生产能力的提升是其产品出口的基础和保障。

企业区域属性决定着企业会具有不同的资源禀赋,而这又将会影响到企业的创新行为。对于我国而言,不同地理位置的省区,出口企业与非出口企业在研发的效率方面存在较大的差异,本研究采用单位研发投入创造新产品产值来衡量企业研发的效率(表3-4),2006年我国大部分省区规模以上工业企业中出口企业平均研发效率高于非出口企业,但是出口企业较为集中的浙江和山东两省却出现了异常,这两个省区规模以上工业企业中出口企业的研发效率反而低于非出口企业。较为合理的解释是,这两省出口企业可能更加注重自主研发,因此用于研发的资金投入力度要显著高于非出口企业,而由于研发的滞后性,在新产品的生产上则不如更加重视创新成果的非出口企业。

在我国,工薪阶层是主要群体,工资则是企业职工最主要的收入,同时也是最为有效的激励因素,职工工资越高,工作的积极性和创造性也越高,企业产品的技术更新也会更快,因此本研究认为企业的职工工资与企业创新能力和出口能力均有直接的关系。但是从我国出口型企业和非出口型企业职工平均工资水平来看,差异并不明显,甚至在浙江、湖北和广东省,出口企业的平均工资反而低于非出口企业,这种现象的出现在某种程度上是由于出口产品的技术性和附加性所决定的,因此创新与出口之间的关系需要更深层次的诠释和研究。

第3章 我国规模以上工业企业结构特征

表3-4 各省区出口与非出口企业基本特征(2006年)

企业特征 省区	企业数量 家 非出口	企业数量 家 出口	工业总产值(现价) 亿元/家 非出口	工业总产值(现价) 亿元/家 出口	单位研发投入创造新产品产值 元/家 非出口	单位研发投入创造新产品产值 元/家 出口	平均职工工资 千元/人 非出口	平均职工工资 千元/人 出口
北京市	814	317	1.2	6.8	27.4	55.8	34.4	35.3
天津市	894	534	0.8	4.1	17.7	89.4	24.2	29.1
河北省	1748	313	1.3	5.8	9.7	13.4	16.6	18.2
山西省	846	66	1.3	11.6	13.3	13.5	15.7	23.8
内蒙古	358	33	2.4	5.9	2.1	15.2	25.5	17.8
辽宁省	1079	466	1.4	5.4	19.4	33.5	18.6	23.3
吉林省	430	64	2.0	11.1	848.7	20.4	17.7	30.4
黑龙江	487	40	1.3	9.7	26.1	35.6	14.7	24.9
上海市	1921	1543	0.8	3.3	10.2	33.4	24.6	33.4
江苏省	2869	1651	1.2	4.2	9.4	33.1	20.3	22.2
浙江省	2107	2298	0.8	1.8	43.6	34.0	19.9	17.6
安徽省	529	174	1.7	5.4	15.4	20.8	24.0	23.1
福建省	1190	1220	1.3	1.7	14.5	15.0	20.7	18.5
江西省	439	50	0.9	13.0	11.1	21.2	14.9	21.4
山东省	2164	1011	2.3	5.6	36.0	17.7	15.7	18.4
河南省	1052	1038	0.9	2.5	15.7	24.5	14.4	17.0
湖北省	741	115	1.3	7.9	13.0	52.9	17.4	14.1
湖南省	514	61	0.7	6.3	24.1	10.0	14.9	21.8
广东省	2268	3491	1.1	2.6	11.0	14.7	23.9	23.7
广西区	610	88	0.6	2.4	60.7	29.8	15.6	20.6
海南省	180	15	0.6	2.1	5.5	24.1	14.2	13.8
重庆市	400	96	1.0	4.4	12.2	25.0	19.0	20.4
四川省	1225	174	1.1	3.4	27.6	36.7	18.0	22.1
贵州省	570	27	0.9	5.9	9.1	11.2	17.1	22.3
云南省	601	80	1.0	4.8	6.1	5.9	19.9	25.2
陕西省	678	70	1.4	2.7	10.3	13.0	18.3	19.6
甘肃省	379	15	1.6	4.4	3.8	51.5	16.7	30.8
青海省	84	1	1.3	3.3	5.9	5.8	11.7	11.9
宁夏区	96	7	1.8	1.6	2.8	11.0	22.0	20.1
新疆区	284	23	0.8	2.2	27.4	82.6	21.7	16.9

3.4 我国规模以上工业企业出口与创新综合特征差异性研究

3.4.1 不同出口类型企业创新行为差异分析

从上述各种分类下出口企业与非出口企业的特征描述对比结果看,两种类型的企业在创新投入和创新产出上存在较大的差异,但是这种差异是否在统计上显著,还需要精确分析,因此该部分采用 T 检验方法对出口和非出口企业的创新投入和创新产出总量进行均值比较。

经过检验发现两种类型企业的研发投入和新产品产值之间均不符合方差齐性的假设,因此本研究选择在方差不相等的假设下分别进行企业研发投入和新产品产值均值相等性的检验。从检验结果看,出口型企业与非出口企业在研发投入方面存在显著的差异,同时出口型企业与非出口企业在新产品的生产能力方面也存在显著的差异(表 3-5)。

表 3-5 出口与非出口企业创新行为均值检验结果

出口类型	研发费用/千元	均值/千元	均值比较 T 检验	新产品产值/千元	均值/千元	均值比较 T 检验
出口企业	48042916	3186.72	0.000(Sig.)	1246874073	82705.90	0.000(Sig.)
非出口企业	9099193	329.80		228168876	8269.98	

3.4.2 不同创新类型企业出口行为差异分析

检验已知,出口企业与非出口企业在创新行为上存在显著差异,那么不同创新特征的企业群在出口贸易总量上是否也存在着显著差异呢?本书就这个问题也采用 T 检验进行了均值比较解释。

企业的研发支出是企业是否进行创新投入的重要指标,因此按照企业是否具有研发支出将企业分为有创新投入型企业和无创新投入型企业,并对这两种企业的出口总额进行均值检验。从方差齐性检验结果看,两种类型企业的出口交货值方差不等,因此在两种类型企业出口交货值方差不等的假设下进行均值检验,从 T 检验结果看有创新投入型企业与无创新投入型企业在出口能力上存在显著的差异,从总量上看有创新投入的企业出口交货值并没有无创新投入的企业高,但是由于企业数量的差异,从平均水平看,有创新投入的企业平均出口交货值是无创新投入企业的 4 倍之多。

企业的新产品是企业创新投入是否有效的标志,也是企业创新成果的重要指标,因此按照企业是否具有新产品将其分为有创新产出型企业和无创新产出型企业,并对这两种企业的出口总额进行均值检验。从方差齐性检验结果看,两种类型企业的出口交货值不满足方差齐性,因此在方差不等的假设下进行均值检验,从 T 检验结果看有创新产出企业与无创新产出企业在出口总额上也存在显著的差异,从总量上看有创新产出的企业出口交货值并没有无创新产出的企业高,但是由于企业数量的差异,从企业的出口交货均值看,有创新产出的企业平均出口交货值是无创新产出企业的近 4 倍(表 3-6)。

表 3-6　不同创新类型企业出口能力均值检验结果

创新投入类型	出口交货值/千元	均值/千元	均值比较 T 检验
有研发投入	953586380	1398848	0.000(Sig.)
无研发投入	1094364727	30527	
创新产出类型	出口交货值/千元	均值/千元	均值比较 T 检验
有新产品企业	770574600	132356	0.000(Sig.)
无新产品企业	1277376507	34670	

3.5　我国企业出口与创新行为的国际比较

在我国企业创新行为以及创新行为与出口贸易之间作用的国际比较中,主要利用瑞士洛桑国际管理与发展学院 2009 年国际竞争力调查数据(IMD)[①],从企业创新行为现状以及企业创新行为对国家出口贸易作用两个方面来进行描述和分析。

3.5.1　企业创新行为的国际比较

对企业创新行为的国际比较分析主要侧重于企业的创新投入和创新效率的描述分析,其中创新资源投入可从创新的资金投入和人力资源投入两个方面进入,企业的创新效率主要用单位投入所带来的专利申请量来表示,这里假设各经济体的专利申请主要是由创新人员和资金带来的,而企业的创新资金和人员投入是整个经济体投入的主体,这样创新效率指标就能够大致反映出各个经济体企业的创新效率。

---

① 2007 年 IMD 调查数据中缺少美国的研发人员相关数据,因此在涉及研发人员的指标时均没有将美国计算在内。

表3-7显示了IMD数据中,各个指标计算下排名靠前的20个经济体,其中中国均位于前20位。通过表中4个指标的对比发现,企业整体研发资金投入强度(即企业研发投入占GDP比重)的前20位几乎均是发达经济体,而我国作为一个发展中国家,国民经济中对研发的重视程度已经相对较高,并且近年来企业的创新意识觉醒,其研发投入力度和增长速度均有所增加。并且从研发人员分布情况看,我国企业研发人员占据了全国研发人员总量的绝大部分,并且这一比例高于许多发达经济体。由此可见,我国企业已经逐渐成为创新行为的主体。

表3-7 2007年世界20经济体研发现状国际比较

企业研发费用占GDP比重/%		企业研发人员占全国(地区)研发人员比重/%		单位研发人员专利申请量/(件/千人全日当量)		企业单位研发费用专利申请量/(件/百万美元)	
以色列	3.68	卢森堡	80.43	新西兰	1265	菲律宾	45
瑞典	2.65	瑞典	74.42	中国香港	1084	秘鲁	45
日本	2.63	韩国	72.22	韩国	1005	哥伦比亚	26
芬兰	2.51	奥地利	69.06	马来西亚	857	印度	25
韩国	2.32	中国	68.36	中国台湾	694	哈萨克斯坦	24
瑞士	2.14	中国台湾	67.16	阿根廷	642	中国香港	18
美国	1.92	日本	66.21	菲律宾	640	智利	16
中国台湾	1.81	丹麦	65.22	日本	640	新西兰	15
奥地利	1.81	加拿大	64.38	澳大利亚	594	阿根廷	13
德国	1.77	德国	64.26	新加坡	565	中国台湾	12
丹麦	1.66	瑞士	63.29	南非	474	希腊	10
新加坡	1.49	爱尔兰	60.75	哈萨克斯坦	399	乌克兰	9
卢森堡	1.36	新加坡	58.47	希腊	398	墨西哥	9
法国	1.31	比利时	57.83	挪威	391	韩国	8
比利时	1.3	约旦	57.82	墨西哥	346	中国	7
澳大利亚	1.2	芬兰	56.76	加拿大	291	保加利亚	6
英国	1.08	俄罗斯	55.62	巴西	283	泰国	6
中国	1.05	法国	55.56	中国	207	马来西亚	5
荷兰	1.03	中国香港	55.22	波兰	194	新加坡	5
加拿大	1.03	荷兰	54.01	德国	191	波兰	5

从创新行为的效率来看,我国处于世界前端的较低水平,即从全世界角度

看我国企业创新效率处于较高的水平,但是在效率较高的国家群中,我国企业的创新能力却相对较弱,尤其是研发人员的创新潜力没有得到充分的发挥,单位研发人员工作量所创造的专利申请量低于巴西,而单位研发费用所创造的专利申请量更是远远低于印度,作为"金砖四国"的成员之一,我国企业创新行为的效率仍有待提高。

3.5.2 企业创新对出口行为作用的国际比较

高技术产品出口是企业创新行为对出口贸易作用的重要表现之一。一般而言,企业的创新能力越强,则其高技术产品的生产能力也越强,进而出口这种高技术产品的额度也越大,其所具有的产品以及企业整体在国际市场中的竞争力也越强。因此利用高技术产品出口额相关指标对企业创新行为的出口影响作用进行国际比较是合理和有价值的。

由于经济体规模之间的差距,对于高技术产品出口总额来说,中国显然要高于世界上多数国家。从2007年的排名看,中国高技术产品出口额位居世界第一位(表3-8),超过了美国,并且高技术产品在制造业产品出口额中所占比例也超过了美国,达到了近30%;但是同"新亚洲四小龙",如新加坡、中国台湾、韩国相比,高技术产品出口比重仍较低。单从企业出口贸易中的科技含量看,我国近年来取得了不小的发展,但是若考虑到企业所投入的创新资源后,我国企业创新行为对其出口提升的作用便有所下降。单位研发费用投入、单位研发人员投入所带来的高技术产品出口额较大的前20个经济体中,主要以发展中经济体为主,其中单位研发费用高技术产品出口额中国位于第13位,单位研发人员高技术产品出口额中国位于第29位。直观上看,由于国际分工的差异,发达经济体企业为创新投入的大量资源并不是为了更好地出口国际市场,而发展中经济体企业对创新的投入带来的直接效果是更多的高技术产品出口到国外市场,而非在国内市场享用。

表3-8 2007年世界20经济体企业研发现状国际比较

高技术产品 出口额/百万美元		高技术产品出口占 制造业出口额比重/%		单位研发费用高技术 产品出口额/美元		企业单位研发人员高技术 产品出口额/(百万 美元/千人全日当量)	
中国	336988	菲律宾	53.59	菲律宾	191.56	马拉西亚	11532.86
美国	228655	马来西亚	51.66	泰国	129.94	新加坡	5997.10
德国	155922	新加坡	46.47	马来西亚	71.76	泰国	3595.93
日本	121425	中国台湾	44.74	新加坡	50.92	菲律宾	2704.31

（续）

高技术产品 出口额/百万美元		高技术产品出口占 制造业出口额比重/%		单位研发费用高技术 产品出口额/美元		企业单位研发人员高技术 产品出口额/（百万 美元/千人全日当量）	
韩国	110633	韩国	33.47	匈牙利	28.71	爱尔兰	2541.59
新加坡	105549	中国	29.69	哈萨克斯坦	22.97	匈牙利	1878.54
中国台湾	93954	美国	28.41	斯洛伐克	18.51	荷兰	1511.57
法国	80465	爱尔兰	28.07	墨西哥	17.39	瑞士	1016.77
荷兰	74369	泰国	26.56	保加利亚	16.26	立陶宛	933.85
马来西亚	64584	荷兰	25.79	中国台湾	13.47	斯洛伐克	932.22
英国	63066	匈牙利	25.22	立陶宛	13.34	中国台湾	796.22
瑞士	33655	哈萨克斯坦	23.25	爱尔兰	12.56	比利时	774.71
墨西哥	33314	瑞士	21.6	中国	9.82	墨西哥	694.04
泰国	30925	芬兰	21.45	荷兰	9.30	韩国	644.71
加拿大	29593	美国	19.5	捷克	9.02	捷克	599.61
爱尔兰	28720	中国香港	19.33	爱沙尼亚	7.50	爱沙尼亚	494.12
意大利	27817	日本	18.94	波兰	6.97	芬兰	487.93
比利时	25178	法国	18.86	印度	5.09	德国	487.26
瑞典	20369	挪威	17.62	韩国	5.00	英国	421.85
匈牙利	19349	墨西哥	17.09	哥伦比亚	4.51	奥地利	397.98

3.6 本章小结

本章介绍了研究所用指标和数据的筛选和评估过程，并以处理后的数据为基础，对不同类型工业企业中出口企业与非出口企业的结构特征进行描述分析，并对它们的差异性进行统计判断。研究表明：我国工业企业的国际化程度相对来说还较低，并且创新的参与程度也较低，非技术创新型企业占据了我国工业企业的主体。但是从统计检验结果看，出口企业与非出口企业在创新行为上存在显著差异，各种不同创新类型企业在出口总额上也存在显著差异。因此本研究认为企业的创新行为和出口行为是存在相互制约关系的，这也是本书研究的主要支持之一。

第4章

创新模式差异下技术创新对出口影响的实证研究

作为本书实证研究的起点,本章在对国外学者相关研究中经典使用的模型进行了适当改善的基础上,充分利用目前取得的基层企业数据,应用 Logistic 模型测度我国企业技术创新对出口倾向的影响,采用 OLS 估计方法测算出口企业技术创新对出口强度的影响,同时解释企业规模和行业属性特征对模型测量精度的影响,两个模型采用相同的影响因素指标,以分析我国工业企业在进入国际市场前后出口行为的变化。

从方法上看,本章作为全书研究的基础,在充分借鉴国外学者研究成果的前提下,首先考虑企业技术创新模式对研究结果的影响,因此在实证分析中,更加偏重于探讨技术创新模式差异下,企业技术创新对出口倾向及强度的作用的变化,并为后续各章节研究做好铺垫。

4.1 问题的提出

根据国际贸易理论以及创新经济学的相关内容,企业的国际化过程是企业发展壮大必然要经历的,并且国际贸易也是一个国家竞争力的主要体现。当企业进入国际市场,面对各种挑战和机遇,实现自身不断的成长和壮大,这个过程必定会提升企业的出口优势,进而提升企业的国际竞争力。

有关创新,增长以及贸易方面的研究已有很多。在日益全球化的世界,创新被认为是国家竞争的最不可缺少的需求。Weifens, Addison, Audertsch, Gries 和 Grupp(2000)坚持认为全球化已经改变了游戏规则。他们建议每一个国家都必须创新以便有效地进行全球竞争。Mody 和 Yilmaz(2002)通过研究总结出资本进口是国家间技术转移的一种有效的办法。他们建议可以通过技术进口来实现早期的创新,但是随着时间的推移这种创新转移的方式将会被国内自主创新所取代。

仅仅建立于静态比较优势基础上的贸易政策不利于国家的发展。Redding(1999)指出根据静态比较优势,韩国在20世纪60年代投资合成钢产品在经济上不具有可行性。然而,韩国还是这样做了,并且成为世界上合成钢产品价格最低的国家之一。因此他得出结论:当比较优势内生地取决于技术进步时,那么如果国家选择那些具有常规静态比较优势、技术含量较低的产品,而放弃那些不具有常规静态比较优势、技术含量高、但是在将来有能力获取比较优势的产品,则可能会降低他的福利。

出口行为会受到创新的积极影响的观点已非最新。Wakelin(1997)在技术与出口的调查研究中发现在一些OECD国家中的大量部门,技术差异对出口具有重要影响,并且发现创新的努力对出口行为的影响力普遍高于相对的工资成本。Fagerberg(1999)建议将技术作为欧洲实现较快增长率的一条道路,他指出成功的技术追赶将提高国际贸易表现,并改变贸易地位。

我国企业在国际化过程中遇到了很多困难,国家层面上出口补贴、出口退税等政策的实行,使得出口企业具有更多的价格优势,这在促进企业的国际化过程的同时,又带来了产品输入国反倾销等反对措施。随着其他国家劳动密集型产业的发展,我国出口企业所依赖的低成本竞争优势将逐渐失去,要想在国际市场中占据一定席位,只能依靠企业创新能力的提升,以及具有显著差异的新产品的生产。当企业进入国外市场后,必须应付更多的复杂性,面对不同的语言、分配体系和竞争模型,商业中介的数量不断增加,同时市场多样性和变化性,以及顾客对产品质量、创新和定制的需求也在不断增加。因此,对我国企业的出口倾向和出口强度,以及创新在企业出口过程中所起到的作用研究具有重要的理论意义和实践意义。

该研究基于我国296705家规模以上工业企业而进行。在分析过程中,将出口企业与非出口企业在企业特征、创新能力以及其他一些结构因素上进行比较,同时还包括对企业出口倾向以及出口强度的预测模型,在模型变量的选择过程中,通过独立样本均值分析,选取那些能够明显区分出口企业和非出口企业的因素进入模型。

4.2 企业出口影响因素选取的理论依据

4.2.1 影响企业出口行为因素的探讨

在国际化的文献研究中,很多模型都把出口行为描述为下述因素的混合体

(Bonaccorsi,1992):①企业的结构因素,包括规模、年龄、经营系统、组织和技术侧面、研发强度等;②经营因素,这些本质上是讲企业家和经营特点,包括出口预期(盈利能力,风险和成本)、政策制定者的受教育水平和经验、对待风险的态度等;③全球化进程中的奖励和阻碍因素,包括按照外国客户利益的规则、竞争压力、消极的国内趋势、信息的可获得性等。

注意前述的那些因素中的大部分,尤其是结构性因素,总是表现出与出口行为的双向的关系。即这些因素中的大部分既是出口行为的原因,也是出口行为的结果。按照这种观点,"企业规模"就是一个象征性例子,它被假定为既是出口行为的原因(大企业在应对国际挑战时往往有更好的装备),也是出口选择的效果(出口行为对销售具有扩张效应)。另一个例子是"技术资产",它既可被当作决定因素(先进的技术装备有利于进入国际市场),也被认为是结果(出口选择促进了对技术上的投资)。

在涉及的因素中,企业规模在所有的结构变量中比较突出,也是受到争论最多的变量。一般来说,实证证据并没有指出中小企业在进入外国市场,以及在其中成长时将会遇到的不可逾越的困难(Abbas 和 Swiercz,1991;Calof,1994)。然而,一旦进入国际市场并在其中成长,那么中小企业与大型企业相比,在面对国际竞争时采取的办法和政策将会有较大的差异。

企业年龄在文献研究中也是经常提到的因素,但是学者们得到的结果不尽相同。一些研究没有得出该变量与出口行为有关系的结论(Ong 和 Pearson,1982;Reid,1982)。另有一些研究证明存在促进作用(Welch 和 Wiedersheim - Paul,1980;Abbas 和 Swiercz,1991)。还有一些研究认为它们之间存在消极作用(Kirpalani 和 MacIntosh,1980;Ursic 和 Czinkota,1984)。

在结构变量中,文献很少关注组织和经营变量,虽然它们在企业国际化过程中起到了不可缺少的作用。同样,与企业技术资产和创新能力相关的因素也很少被关注到。

在经营因素中,根据大多数的实证研究,认为对小型企业出口行为最具有决定性的一个因素是企业家态度。许多学者(Olson 和 Wiedershei - Paul,1978;Miesenbock,1988;Shane 等,1993)指出政策制定者对市场和竞争环境的信号的领悟和诠释能力对是否出口的决策制定具有决定性的作用。对风险的厌恶以及对未来利润的坚信等因素被 Cavusgil 和 Nevin(1981),Roy 和 Simpson(1981),以及 Birley 和 Westhead(1994)证实。

许多研究都证实了出口经历的重要作用,出口经验显著地影响了企业在国外市场中遇到的风险和机遇的感知,以及提出有效解决方法的能力(Cavusgil 等,1979;Cooper,1981;Christensen 等,1987;Aaby 和 Slater,1989;Madsen,1989;

Ogbuehi 和 Longfellow,1994;Moini,1995;Westhead,1995)。还有一些研究检验了其他的经营特征变量(例如委托事项、国际态度、国际事务的指示、在国际市场中对风险等级和机遇的感知)。一般来讲,这些变量都显著地影响了企业进入国际市场的决策和机会(Czinkota 和 Johnston,1983;Cooper 和 Kleinschmidt,1985;Axinn,1988;Aaby 和 Slater,1989;Madsen,1989)。

许多研究指出企业在国际化进程中将会遇到3个主要的障碍:①国外市场环境信息的缺乏;②获得便利的信贷的困难;③掌握与国内市场不同的行政和惯例程序(Kedia 和 Chhorak,1986;Madsen,1989;Styles 和 Ambler,1994)。

4.2.2 企业出口行为与创新实践关系的探讨

虽然近20年已有大量关于企业出口行为的研究,但是涉及技术问题的研究几乎没有。

在早期的研究中,通常用研究开发资金(R&D)占销售额的比例来衡量企业创新投入能力,而用新产品产值来衡量企业的创新产出能力。但是这两个指标都不能把技术创新的各个方面(技术/工艺技术优势,先进的技术,拥有专利数等)完全表示出来,因此在技术创新与出口行为的联系研究中也往往会得出相反的结果。Mechling 等(1995)和 Wagner(1995)报告,在一个实证研究的基础上得出使用先进制造业技术和成功出口之间存在积极关系,然而 Moini(1995)指出出口企业是以较高数量的专利为其特征的。Lefebvre 等(1998)证实改进现有商品的能力,以及与竞争者和拥有技术的劳动力紧密结合,能够把出口企业与非出口企业区分开。另一方面,Reid(1986)发现技术与出口密度之间没有显著关系,而 Sriram 等(1989)发现两者之间存在消极的关系。Wakelin(1998)发现小型创新企业更不喜欢出口,并且与非创新型企业相比,小型创新企业更喜好服务国内市场,而大型企业正好相反:大型企业拥有的创新越多,他们扩张到国际市场的可能性越大。作者的解释是进入出口市场的成本对小型企业来说太昂贵了,因此他们更乐于在国内市场中利用这种创新。

在文献研究中产品创新能力十分常见。Styles 和 Ambler(1994)指出"产品长度",即产品质量和独特性组成了成功出口的一个关键因素。在 McGuinness 和 Little(1981),Burton 和 Schlegelmilch(1987),Madsen(1989),Cavusgil 等(1993)的研究中也得到了相似的结论。

然而,在对运往国外的商品和内销国内市场的产品数据的理解上还存在不同的意见。根据大量研究,当企业开始向国际市场进军时产品适应能力便担当了更为重要的角色,因为在产品技术规格的经营中要考虑到国外市场需求。(Kirpalani 和 MacIntosh,1980;Cavusgil 和 Zou,1994)Christensen 等(1987)研究指出"客户制定"产品规格政策是如何占相当优势的。另一方面,标准化产品(即在国内市场和国际市场上没有什么区别)使企业具有规模经济和成本优势。因此关于标准化和在国外市场中营销手段的适应性的讨论十分开放。

总的来说,关于这个问题的文献有以下几个主要限制:①关于出口倾向与企业行为的文献有很多,但是很少有研究把注意力转移到企业的创新能力与出口行为的关系上。②将学者们的研究成果综合在一起可以发现,这些结果受到上下文分析的特异性的很强烈的影响。实际上,不同的地理位置、不同的产业部门通常会带来不同的结论。此外,所采用的方法也有很大不同。考虑到措施的可操作性、项目建设、数据分析、出口表现的衡量(出口倾向,出口强度(国际贸易额/销售总额))、出口增长(国际贸易总额增长率)、从出口行为中获得的利润这些指标的不同,所采用的调查方法也不相同。

最后,尽管考察的因素已有很多,但是仍有很多领域需要研究。就像上面所说的,创新角色所受到的关注明显少于其他领域。我们认为,创新能力的提升,是企业成功国际化,并能够较为顺利地发展和壮大的最主要因素,当然这种创新能力必须是不易被模仿和转移的,如果企业所拥有的技术创新或产品创新是通过购买先进的机器或是改良产品而实现的,那么这种创新能力很快就会被竞争对手模仿或学习,则该企业本身的竞争力和相对优势也相应失去了。因此我们强调创新(包括创新投入和创新产出)在企业国际化过程中是具有阶段性特征的,企业进入国际市场初期可以通过模仿和学习来提升创新能力,从而更多地促进出口,而进入国际市场后则需要发展自身独特的创新产品和技术,才能较为持久地具有比较优势。

4.3 模型的建立与估计

建立在2006年296705家规模以上工业企业基础上的出口与创新关系的研究是本研究系统的起点。在对企业出口行为的影响因素进行深入学习后,同时结合本研究所用数据库中指标的现有情况,希望找出与企业出口有关,并且能够有效区分出口企业和非出口企业的因素,在确定了这些区别变量之后,根据这些区别变量建立预测模型,不仅能够判断哪些因素能够显著影响企业的出口倾向,而且从影响企业的出口强度的角度出发检验各个变量的显著性。

在本研究中,假设所考察的因素与企业的出口行为之间是互为因果的,从经济意义上来看,这点是毋庸置疑的。企业进入国外市场后,会接触到与国内市场差异很大的销售环境、顾客需求以及各种规章制度和办事程序,因此企业要想生存和发展,就必须增加柔韧性,同时企业的决策制定者也要在新的环境下改换思维方式,去适应市场。由于接触到国外大量先进的技术和产品,在企业的适应过程中,通过知识外溢或是其他传播渠道,企业在潜移默化中提高了自身的技术水平和创新能力,同时企业各个方面的竞争力也得到了加强;反之,若企业拥有强大的生产能力和经营能力,并在创新能力上具有一定的优势,拥有自己的核心技术和产品,那么企业就有了进军国际市场的资本,拥有了独一无二的产品,也就是拥有了进入国际市场的大门钥匙,若企业在生产和经营方面能较好地联系和利用商业中介的力量,那么必定会在国际市场中不断得到发展壮大,其出口倾向和强度也会加强。因此本研究中所建立的模型并非因果模型,并不能解释企业出口倾向和强度的原因,而只是区别那些可以很好描述企业出口倾向的因素。

4.3.1 模型指标体系的建立

4.3.1.1 指标差异性检验

本书的主要研究对象是我国规模以上的工业企业,这些企业涵盖了30个省、市、自治区[①],包括采矿业,制造业,电力、燃气及水的生产和制造3个产业大类,40个行业中类的296705家企业,该样本企业数占到我国规模以上工业企业总数的99%,因此本研究能够较好地反映出我国规模以上工业企业出口行为和创新行为的基本关系。

本文第3章已经详细介绍了一些学者已有的研究成果中所认为的,对企业出口具有影响作用的指标,并按照指标内容的相关性将其划分为4类。在本章的研究中,仍然以这些基本测度指标以及测度指标的适当变形为基础,按照一定的选取原则,采取经济理论判断和统计判断的双重标准,确定进入模型的最终测度指标。为了方便读者理解本章测度指标的选取方式和过程,将这些基础测度指标按类别分别列示如下。

企业规模特征指标:反映企业的人员规模和生产能力规模特征,待选的测度指标分别是现价工业总产值、产品销售收入、营业利润、平均从业人数、应付主营业务工资总额。

成本控制特征:反映企业在成本控制的管理方面的特征,所选取的主要测度指标包括税金、办公费、广告费以及这三种费用占管理费用的比重。

创新特征:从创新投入和创新产出两个方面反映企业创新行为特征。创新

---

① 由于西藏自治区数据质量较差,故舍去该自治区。

第4章 创新模式差异下技术创新对出口影响的实证研究

投入测度指标包括研发费用支出,创新产出测度指标由新产品产值来体现。

除了以上这些反映企业各方面特征的指标外,还采用一系列的哑变量来体现不同特征企业出口倾向和强度的差异。

创新模式哑变量:根据企业研发费用支出和新产品生产情况的不同,将所有企业分为4种创新模式[①],即自主技术创新型企业、技术资源开发型企业、技术成果应用型企业、非技术创新型企业。

产业归属哑变量:采矿业,制造业,电力、燃气及水的生产和供应业。

企业规模哑变量:大型企业,中型企业,小型企业。

根据前述文献分析中对企业出口与创新关系的研究与学习,在国家统计局工交司规模以上工业企业数据库的基础上,建立影响企业出口倾向和强度的影响因素体系,并通过独立样本均值检验分析(T检验)方法筛选出能够区分出口企业与非出口企业的因素,在经济和统计意义的原则下选择进入模型分析的变量。

在这296705家规模以上工业企业中,出口企业与非出口企业在企业基本特征上普遍存在差异。如果以企业为单位来考察出口企业与非出口企业的基本特征差异时,检验结果显示出口企业与非出口企业在生产能力、经营能力、盈利能力、职工工资及从业人数上都存在统计意义上显著的区别。其中出口企业的生产能力和销售能力都是非出口企业的2.7倍(出口企业工业总产值为1.9亿元,非出口企业为0.7亿元;出口企业产品销售收入为1.9亿元,非出口企业为0.7亿元),企业平均营业利润显示,出口企业是非出口企业平均营业利润的2.4倍(出口企业为0.12亿元,非出口企业为0.05亿元)。因此在以企业为基准单位考虑下,出口企业不论是生产能力,还是销售和盈利能力都远远超过非出口企业,即企业在进入国际市场后,确实在生产、销售和盈利能力上获得提升,这种提升也使得它们在这些方面与非出口企业差距不断扩大和显著。

从人力资源的角度看,出口企业的平均水平也显著高于非出口企业。出口企业一般来讲规模较大,企业平均从业人员总数达到438人,而非出口企业平均从业人员总数仅为174人。在前述的很多学者对企业出口问题的研究中都提出,企业的规模对企业出口能力会有显著的影响,中小企业,尤其是小型企业由于规模较小,在获得资源和机会方面往往不如大型企业,但是小型企业所具备的灵活性和柔韧性,也是其顺利进入国际市场的优势所在。从我国企业的实际情况看,出口企业确实在规模上与非出口企业有明显的差距。职工工资水平

[①] 企业技术创新类型的划分办法和依据在第1章中已经有所介绍,本章研究中对企业技术创新类型的划分方法与第1章中介绍的相同。

上,出口企业平均主营业务应付工资总额为858.2万元,而非出口企业仅为288.8万元,出口企业几乎是非出口企业的3倍,较高的劳动报酬水平往往对人才具有较强的吸引力,人才的大量汇集是企业创新水平和能力提升的重要基础,同时也对企业出口倾向和强度有促进作用。

在考虑人力资本的使用效率时,出口企业与非出口企业之间仍然具有较大的差异。人力资本的生产和销售能力比较中,非出口企业都略微高于出口企业,出口企业人均产品销售收入为41万元,非出口企业为47万元;出口企业人均工业生产总值为42元,非出口企业为48元,同时T检验值表明出口企业和非出口企业人力资本在生产和销售方面确实存在着差异。但是出口企业人力资本在盈利能力①以及工资待遇水平上却显著优于非出口企业(出口企业人均工资水平为1.7万元,非出口企业为1.5万元;出口企业人均营业利润为2.6万元,非出口企业为2.5万元)。工资的平均水平在一定程度上代表了企业职工的技能水平,因此出口企业的职工技能要高于非出口企业。这样看来,对于我国规模以上工业企业来说,出口企业人力资本在生产和销售方面略低于在国内市场竞争的企业,但是出口企业却具有较强的盈利能力,并且具有较多的人力资本积累(表4-1)。

表4-1 出口与非出口企业指标对比

企业基本特征	出口企业	非出口企业	Prob
企业平均产品销售收入/千元	190825	70953	0.00
人均产品销售收入/(千元/人)	412.16	467.94	0.00
企业平均营业利润/千元	11531	4696	0.00
人均营业利润/(千元/人)	26.40	24.86	0.38
企业平均主营业务应付工资总额/千元	8582	2888	0.00
人均主营业务工资/(千元/人)	17.03	14.65	0.00
企业平均从业人员平均数	438	174	0.00
企业平均工业生产总值/千元	194193	72331	0.00
人均工业生产总值/(千元/人)	420.36	477.77	0.00
管理特征	出口企业	非出口企业	Prob
企业平均税金/千元	5344	2562	0.00
税金占管理费用比重/%	5.66	7.43	0.00
企业平均办公费	273	126	0.00

---

① 检验结果显示出口企业与非出口企业在人均营业利润上无显著差异。

（续）

管理特征	出口企业	非出口企业	Prob
办公费占管理费用比重/%	8.78	9.07	0.00
企业平均广告费/千元	15287	4755	0.00
广告费占销售费用比重/%	3.00	5.95	0.00
创新能力特征	出口企业	非出口企业	Prob
新产品产值/千元	33806	2978	0.00
新产品产值占工业总产值比重/%	6.64	2.54	0.00
研发资金投入/千元	1180	136	0.00
研发投入占管理费用比重/%	3.76	4.68	0.37
产业分类	出口企业	非出口企业	Prob
采矿业	0.0106	0.0549	0.00
制造业	0.9871	0.9064	0.00
电力、燃气及水的生产和供应业	0.0023	0.0387	0.00
企业规模分类	出口企业	非出口企业	Prob
大型企业	0.0215	0.0040	0.00
中型企业	0.5657	0.4103	0.00
小型企业	0.4129	0.5857	0.16
创新模式	出口企业	非出口企业	Prob
自主技术创新型(0,1)	0.1266	0.0351	0.00
技术资源开发型(0,1)	0.1029	0.0866	0.00
技术成果应用型(0,1)	0.1282	0.0367	0.00

注：显著性水平为0.05下的判断结果

在企业的管理费用中，税金、办公费、广告费、研发费用是非常重要的4个部分，由于研发费用是反映企业提升创新能力的主要指标，因此在企业的管理特征方面，主要通过税金、办公费、广告费总额以及它们的结构状况来反映。企业纳税行为体现了企业对政府和社会的贡献，同时政府为推动企业发展而实行的各项税收减免政策也在成本上缓解了企业的压力，尤其是我国的出口退税政策，使得原本就利润微薄的企业得以在国际市场上与同类企业竞争，当然这种竞争也只是价格的相对优势而已。在前述的分析中也提到，对于竞争力较弱的小企业，往往在初期进入国外市场时主要依靠政府的扶持，而非自身的强大的研发能力以及独一无二的创新产品。通过均值比较发现，出口企业与非出口企业在三种管理费用的支出总额以及所占管理费用的比重上都存在显著的差异，并且值得注意的是出口企业在3种管理费用的平均支出总额上都高于非出口企业,但是出口企业3种管理费用支出在管理费用中所占比重均低于非出口企业。企业管理费用的支出是与企业的生产规模、销售规模等状态联系在一起的,出口企业通常规模较大,并且为了适应国际市场的新规则,必定要在管理费用上支出更多,但是对于出口企业来说,管理费用的支出比例要更偏向于创新和研究方面。

企业创新能力特征考察的3个方面基本上都能够显著区分出口企业与非出口企业,其中反映企业创新产出能力的新产品产值,不论从总量还是从贡献率上看出口企业都遥遥领先,企业平均新产品产值出口企业是非出口企业的12倍,对工业总产值的贡献出口企业也是非出口企业的2.6倍。传统国际贸易理论是建立在静态比较优势的基础上的,然而随着经济中技术和知识重要性的提升,静态的比较优势已经不能适应现代的要求,而新产品新技术就是动态比较优势最好的承载体,从出口企业与非出口企业新产品的生产总量和强度的对比判断也可以看出,对于企业总体(在未区分大中小企业的基础上)来说,新产品的生产状况是区分出口与非出口企业的显著标志。

企业平均研发费用投入反映了企业的创新投入状况,从费用投入总量看,出口企业的研发资金投入是非出口企业的8倍强,虽然均值检验的结果显示出口企业与非出口企业研发投入占管理费用的比重间不存在显著的差异,但是从数值上看研发支出在管理费用中的贡献率却低于非出口企业。从发达国家企业研发的特点来看,企业在达到一定的程度后,自身只进行核心技术的研发,而将低附加值的技术开发和产品开发外包给其他公司来进行,而把最大的利润留在自己企业内部,在国内企业进入外国市场后,当企业实力积累达到一定程度后,也会将一部分开发研究任务外包给其他企业,尤其是国内的企业,因此从研发费用的占比上看,出口企业要大大小于非出口企业,这也是研发策略不同的结果。另外,根据我国工业企业的实际出口状况,出口企业集中在广东、浙江等沿海城市,这些城市聚集了大量的小企业,低附加值的加工贸易是这些企业的主要出口业务,同时从产品的性质上看也多数属于劳动密集型产品,故企业虽然有大量的产品出口,但是在研究开发上的投入并不显著。

在3种判别变量的检验中,出口企业和非出口企业在产业分类下都存在显著的差异,同时在4种创新模式分类下也都存在着显著差异,但是出口企业和非出口企业在小型企业的特征分布上却不存在显著的差异,这与很多学者的研究有所出入,由于中国市场经济的运行尚不完善,因此也为针对不同规模企业技术创新对出口行为作用进行研究提供了现实意义。

虽然企业技术创新对出口作用的发挥不会凭空产生,而是要取决于很多的外部条件,如企业规模、企业行业属性、企业的省域归属等,但是首先需要考虑的是企业自身的技术创新模式。差异性检验已经证明,4种不同创新模式企业内部,出口企业与非出口企业是存在差异的,因此本书就将不同技术创新模式的企业分别作为研究对象,分析各企业群中企业技术创新对出口倾向和出口强度的影响。

4.3.1.2 指标选取准则

在对各种企业特征变量是否能够区分出口企业与非出口企业进行判断之后,需要在此基础上建立预测模型。模型的建立需要筛选指标,在指标的选取过程中,要遵循以下的原则:

(1) 在前面的独立样本均值检验结果中,只有伴随概率小于0.05的指标才能进入模型考虑的范围。

(2) 在满足第一个条件的基础上,在选取指标时还要考虑到概念上的重复,以及避免在Logistic模型中出现共线性问题。

4.3.1.3 指标体系的建立

根据显著性以及不可重复的变量选择准则,最终确定进入模型的变量,每个变量的内涵以及对应的在模型中所使用的代码列举在表4-2中。

表4-2 进入模型指标名称和代码

指标名称	模型中代码	指标名称	模型中代码
企业出口强度/企业出口倾向	Y	产业分类(DUM1)	
企业基本特征		采矿业	CKY
平均从业人数/百人	ZGRS	制造业	ZZY
平均从业人数的平方	ZGRS2	电力、燃气及水的生产和供应业	DQRQ
人均主营业务工资/(万元/人)	RJGZ	企业规模(DUM2)	
人均产品销售收入/(百万元/人)	RJSR	大型企业	DXQY
管理特征		中型企业	ZXQY
税金/百万元	SJ	小型企业	XXQY
广告费/百万元	GGF		
办公费/百万元	BGF		
创新能力特征			
新产品产值/亿元	XCP		
研发费用支出/亿元	YFF		

在企业的规模特征的变量选择中，首先选入模型的是企业的平均从业人数，该指标通常用来衡量企业的规模，同时考虑将平均从业人数的平方加入模型，来检验在企业的出口选择与企业规模之间是否存在 U 形关系。同时加入人均产品销售收入和人均主营业务工资衡量企业经营能力和企业人力资本对企业出口倾向的影响。

反映成本控制特征的变量包括税金、广告费和办公费。

新产品产值和研发费用支出用来衡量企业的创新能力对企业出口倾向的影响，由于数据质量问题，职工教育费不能准确地反映企业对职工培训的真实情况，故不纳入模型。

除了反映企业规模特征、成本控制特征和创新能力特征的连续变量外，为了探讨企业的属性特征对企业出口倾向的影响，故引入两类虚拟变量。第一类虚拟变量为产业分类情况，根据产业大类分为采矿业、制造业和电气、燃气和水的生产和供应业。第二类虚拟变量为企业规模虚拟变量，根据我国对于工业企业规模的分类标准，将所有企业分为大型企业、中型企业和小型企业。

4.3.2 模型构建

为了探讨企业出口倾向和强度的影响因素，本研究采用两种模型进行分析：①Logistic 回归模型；②OLS 回归模型（只考虑出口型企业）。

第一个 Logistic 回归模型主要用于鉴别能够最好地描述企业出口倾向的因素和变量，即企业是否进行出口的策略选择与出口实体是相互独立的。在这个模型中，因变量采用二分变量（有出口交货值的企业记为 1，无出口交货值的企业记为 0），估计方法采用极大似然估计方法（ML）。

第二个模型的目的在于，判断在第一个模型中对企业出口倾向有影响的因素是不是也同时影响了企业的出口强度。这个模型中使用企业出口交货值占产品销售收入的比重作为衡量企业出口强度的因变量，因此只有那些有出口交货值的企业才作为回归的样本，这样也避免了有偏估计的问题。

综上所述，第一个 Logistic 回归模型的主要形式为[①]

$$\text{Logit}(\text{export}) = \frac{1}{1 + e^{-z}}$$

---

① 公式中用 DUM 表示虚拟变量向量，实际上该向量中分别包括两个自变量。

$$Z = L_n\left(\frac{L}{1-L}\right)$$
$$= \text{CONST} + \alpha_1 \text{ZGRS} + \alpha_2 \text{ZGRS}^2 + \alpha_3 \text{RJSR} + \alpha_4 \text{RJGZ} + \alpha_5 \text{SJ} +$$
$$\alpha_6 \text{GGF} + \alpha_7 \text{BGF} + \alpha_8 \text{XCP} + \alpha_9 \text{YFF} + \alpha_{10} \text{DUM}_1 + \alpha_{11} \text{DUM}_2$$

第二个模型所使用的变量与 Logistic 回归模型相同,只是在 OLS 模型中因变量 Y 为企业出口强度(出口交货值占产品销售收入比重),模型形式如下:

$$Y = \text{CONST} + \alpha_1 \text{ZGRS} + \alpha_2 \text{ZGRS}^2 + \alpha_3 \text{RJSR} + \alpha_4 \text{RJGZ} + \alpha_5 \text{SJ} + \alpha_6 \text{GGF} +$$
$$\alpha_7 \text{BGF} + \alpha_8 \text{XCP} + \alpha_9 \text{YFF} + \alpha_{10} \text{DUM}_1 + \alpha_{11} \text{DUM}_2$$

4.4 企业出口行为与创新关系分析

根据前述文献研究可知,多数学者的研究发现,在进行企业的出口行为和创新行为之间关系的研究时,创新指标的选取是十分敏感的,即当选用不同的创新指标时,所得出的企业出口行为与创新行为之间的关系有很大差异。在以往的研究中,常用来表示创新行为的指标有研发(R&D)费用投入以及新产品产出,分别指代创新投入和创新产出。本研究将创新投入和产出指标相结合进行交叉分类,将所有企业分为 4 种类型,即自主技术创新型企业、技术资源开发型企业、技术成果应用型企业、非技术创新型企业。

4.4.1 企业技术创新对出口倾向作用分析

本研究采用 Logistic 模型判断企业出口倾向和创新行为之间的关系,从模型拟合结果看,4 种类型企业职工人数变量以及平方项前参数均显著不为零,因此可以断定企业的出口倾向、企业的出口强度与企业规模之间确实存在倒 U 形相关关系。

人均工资既是职工待遇状况的主要表现,是激励职工创造性活动的主要刺激,同时也是技能水平的反映,通常熟练工或是技能水平较高的人员往往获得更高的工资。估计结果显示,不同创新类型的企业,其职工工资与出口倾向之间的关系也有所不同。自主技术创新型企业其职工平均工资的提升虽然对出口倾向有促进作用,但是统计检验结果显示这种促进作用不显著;技术资源开发型企业,其企业人均工资每提高一个单位,则出口的概率比不出口倾向高 0.132 倍[①];而技术成果应用型企业每提高一单位的职工工资,其出口的概率比

---

① 文字分析部分中对模型拟合的参数值均进行了反对数的处理。

不出口倾向低 0.058 倍;另外,非技术创新型企业平均职工工资每提升一个单位,企业出口的概率比不出口的概率要高 0.211 倍。因此可以看出,当企业进行了技术创新方面的投入后,吸纳更多高技术人才会提升企业产品的技术含量,也有助于新产品的生产,从而对其出口倾向的扩大有显著的促进作用,而通过技术溢出或是其他方式得以生产新产品的企业(即技术成果应用型企业)来说,高技术人才的引进,会带来劳动力成本的增加,反而不利于企业出口倾向的提升。

人均产品销售收入反映了企业的经营状况,但是从模型的估计结果看,4 种不同创新类型的企业人均产品销售收入的提高都会不同程度地抑制其出口的可能性。其中,人均产品销售收入每提升一个单位,自主技术创新型企业出口倾向是不出口倾向的 0.908 倍,技术资源开发型企业出口倾向是不出口倾向的 0.919 倍,技术成果应用型企业出口倾向为不出口倾向的 0.961 倍,非技术创新型企业出口倾向为不出口倾向的 0.836 倍(表 4-3)。一个合理的解释是,对于我国企业整体来说,销售收入的增加绝大多数依靠的是国内需求的扩张,而国内需求的扩张对企业的出口决策具有反向作用,即国内市场对企业产品的需求度越高,则企业在成本较低的国内市场就可实现高额利润,那么它们进军国际市场的热情也就会相对降低。这也反映出我国企业整体在国际市场中的份额和影响力还较差。

在反映管理特征的 3 种费用参数估计中,基本上费用类支出均显示出阻碍企业出口的特征,根据多数学者的研究,企业在进入国际市场后,会面对更加复杂的市场环境,也有可能面对与国内市场差异较大的行政程序等,因此这些企业首先应该学习的是如何适应新的市场环境,这就需要在管理上投入力量。而我国出口企业的一个显著特点是:普遍依靠成本静态比较优势。较多的管理费用支出会增加成本,不利于企业的出口,但是对于不同规模的企业来说,企业成熟度不同,对市场的适应性和反应机制也会有所差异。而本研究由于将所有企业汇总到一起进行判断,那么大中小型企业、出口与非出口企业样本之间相互作用,势必会掩盖一些真实的联系,因此分企业规模对出口倾向和强度的研究也就十分必要了,这也是下一章将要进行的研究。

表 4-3 不同创新模式工业企业技术创新对出口倾向作用模型拟合结果

企业类型 拟合结果	自主技术 创新型	技术资源 开发型	技术成果 应用型	非技术 创新型
c	-0.9697	0.5557	-0.2198	-4.6760*
职工人数	0.0592*	0.0148*	0.0581*	0.1725*
职工人数平方	-0.00005*	-0.00001*	-0.0001*	-0.0016*
人均主营业务工资	0.0122	0.1241*	-0.0597*	0.1911*

（续）

拟合结果＼企业类型	自主技术创新型	技术资源开发型	技术成果应用型	非技术创新型
人均产品销售收入	-0.0964**	-0.0853*	-0.0397***	-0.1788*
税金	-0.0005	-0.0049**	-0.0221****	-0.0047
广告费	-0.0006**	0.0002	-0.0026	-0.0074**
办公费	0.0027	-0.0133****	0.1247*	0.0874*
新产品	0.0047		-0.0004	
研发费用	0.4080****	0.8110*		
大型企业	0.3265****	-0.3506*	0.6515***	-2.3390
小型企业	0.7750*	0.7546	0.4201	
采矿业	-0.0471	-1.7527*	-0.3504****	
制造业	0.4109	-5.1678*	0.7538*	3.0082*
预测准确率	63.63	69.51	60.64	
Chi-square	1129.56	1434.35	711.93	22429.48

注：① $*P<0.001$；$**P<0.01$；$***P<0.05$；$****P<0.1$；
② 由于产生共线性，第4个模型即既无创新投入也无创新产出模型出口倾向预测中，虚拟变量只选入大型企业和制造业两个变量

创新指标的估计结果显示，在以新产品和研发投入作为分类标准下，企业新产品产值对出口倾向的敏感性较差，而研发费用的支出却相对较为显著地促进了那些主动创新企业的出口倾向。因此从我国各种创新类型企业的总体状况看，创新资金的投入对企业出口倾向具有明显促进作用，而新产品的生产并没有像其他学者研究的那样对企业出口倾向有显著的促进作用。

同时从虚拟变量的估计结果看出，企业规模对不同创新类型企业出口倾向有不同的影响，因本模型未考虑到企业规模与各种自变量的交互作用，因此在下一章的分析中，将专门分企业规模对企业创新行为与出口行为的关系进行研究。归属不同产业的企业其出口倾向与创新行为之间的关系也普遍存在差异，因本研究所用数据中制造业企业占有较高比例的样本，因此暂时忽略产业的分类影响。

4.4.2 企业技术创新对出口强度作用分析

第二个模型主要用于研究出口企业中技术创新对企业出口强度有显著影响的因素，企业特征指标的选取与出口倾向模型相同，通过第二个模型的拟合，

探讨显著影响企业出口倾向的特征因素是否也对企业的出口强度有显著作用，从而探讨企业在进入国际市场的决策制定影响因素，以及进入国际市场后的发展策略影响因素是否相同。

修正后的拟合优度显示，模型只能解释很少一部分企业出口强度的变化信息（表4-4）。但是该部分研究的主要目的在于检验能够显著区分企业出口倾向的变量因素是否也能够显著区分企业的出口强度，因此尽管拟合优度不高，但是保持与第一个模型相同的自变量。

从4种创新类型企业出口强度模型的拟合结果看，只有少数特征因素对企业的出口倾向和出口强度同时发挥作用，也就是说我国企业在进入国际市场时所关注的因素，与进入国际市场后继续发展所关注的因素产生了较大的差异。这也说明企业在进入国际市场后，在面临新的环境和挑战的情况下，企业的发展策略特别是创新行为会发生很大的转变。

表4-4 不同创新模式工业企业技术创新对出口强度作用模型拟合结果

企业类型 拟合结果	自主技术 创新型	技术资源 开发型	技术成果 应用型	非技术 创新型
职工人数	-0.0034	0.0403	0.1741*	0.1615*
职工人数平方	-0.0013	-0.0275	-0.1205*	-0.1023*
人均主营业务工资	-0.0462**	-0.0807*	0.1418*	-0.0585*
人均产品销售收入	-0.0246****	-0.0179	-0.1549*	-0.0103***
税金	-0.0259	-0.0212	-0.0278****	-0.0397*
广告费	-0.0475**	-0.0311***	-0.0034	-0.0160*
办公费	-0.0436*	-0.0217	-0.0141	-0.0069
新产品	0.0756*		0.0589*	
研发费用	0.0263	0.0092		
大型企业	-0.1044*	-0.0605*	-0.0695*	-0.0612*
小型企业	0.1044*	0.0861*	0.0873*	0.1139*
采矿业	0.0156	0.0271	0.0319	0.0024
制造业	0.0671***	0.0860**	0.1782*	0.0748*
AdjustedR Square	0.0420	0.0290	0.0750	0.0290

与预测企业出口倾向模型不同，在对企业出口强度的预测中，进行了研发投入的企业，不论是否有新产品产出，其职工人数所代表的企业规模与企业出口强度之间都不再存在显著的倒U形关系，并且其出口强度与职工人数之间也不存在影响作用。可见对于进行了研发支出的企业来说，职工的多少对其出口

额在销售收入中的占比已经不存在显著影响。与企业规模相比,企业出口强度的增长更多地是受到其他因素的影响。

人均主营业务工资对企业的出口强度的作用与出口倾向的作用恰好相反,在企业出口倾向预测模型中,技术成果应用型企业人均主营业务工资的增加对其出口倾向具有抑制作用,其他类型的企业随着人均主营业务工资的增加,出口倾向也会提升。但是当企业进入到国际市场中后,随着主营业务工资的提升,技术成果应用型企业的出口强度有所增长,而其他类型企业的出口强度反而下降。这反映出企业在进入国际市场之后,应对新的市场环境时,企业要想赢利并生存下去,所关注的重点有所不同,成本的压力使得一些企业不得不暂时关注成本的降低,而非高技术人才的创造力。

人均产品销售收入和各种管理费用支出均对企业的出口强度呈现负向作用。其中人均产品销售收入对企业出口强度的作用方向与出口倾向相同,即同样是受到国内需求市场的作用而产生的产品销售收入的上升,这样并不利于企业的出口。另外,我国出口企业中大多数都是依靠成本静态比较优势,因此各种管理费用的增加会降低其比较优势,进而削弱竞争力,降低出口强度。

在企业出口倾向预测模型中,新产品产值并未显著影响企业出口可能性,只有研发投入的增加对企业出口倾向有促进作用。当企业进入国际市场后,企业的研发投入不再对企业出口强度起显著作用,而此时新产品的生产却明显地提升了企业出口交货值在整个产品销售收入中的比重。可见当企业进入国际市场后,要寻求继续发展,那么创新能力的提升、新产品的生产就起到了决定性的作用。

在虚拟指标的拟合结果中,企业规模的分类对 4 种创新类型企业都有显著作用。同时可以看出,大型企业的初始出口倾向和强度都相对低于小型企业,就我国的实际情况看,出口企业中南部沿海省区小型企业占有绝大多数,这些企业并不在意国内市场的发展,而主要业务在于出口国外。相比之下,我国大型企业多数是在国内市场较为稳定的情况下才会考虑进入国际市场竞争,由于企业发展策略的差异,从而表现出小型企业比大型企业有更多高昂的出口热情和更高的出口强度。因此在后续的分析中,本研究着重关注不同企业规模下企业出口倾向和出口强度与创新行为之间的关系。同时制造业的分类对企业出口强度也有显著影响,但是两大产业分类并无显著作用。

4.5 本章小结

本章通过选取能够显著区分出口企业与非出口企业的特征要素指标,构造模型测度我国工业企业技术创新对出口行为的影响。研究中,得出以下几点结论和建议。

(1) 虽然全球化和国际化是企业成长最佳的推进器,但是从我国工业企业的情况看,企业的国际化程度仍然十分低,所考察的 296705 家规模以上工业企业中,只有 26% 的企业存在出口交货值。随着印度等国家的崛起,虽然国际市场中有充足的资源和获利机会,但是我国企业成本优势的逐渐丧失,以及创新能力的欠缺都使得它们进入国际市场更加困难。

(2) 不论从全体企业还是出口企业看,企业的管理还没有成为企业进入国际市场的推进器。各种管理费用的支出并没有达到促进企业出口的目的,相反管理费用的支出使得企业的成本增加,对于靠成本优势和价格优势取胜的中国出口企业来说,管理费用的高支出无疑是打击其出口可能性的首要因素。

(3) 从 4 种不同创新类型企业的样本拟合结果看,企业的创新产出,即新产品的生产对企业出口的概率并无显著影响,但是当企业进入到国际市场后,新产品的生产明显提高了出口企业的出口强度,这也验证了企业的创新能力是企业进入国际市场后继续成长和壮大的首要因素的假设;企业的创新投入,即研发费用支出的使用使得企业能够以更大的概率出口,但是对已经出口的企业来说,这部分费用的支出对其出口强度将不再发挥显著作用。因此,可以看出在企业不同发展阶段,创新的投入和产出因素所发挥的作用也有所差异。

(4) 企业规模对企业出口倾向和强度具有非常重要的作用。企业规模不同,在出口决策的制定以及出口的竞争优势上都会有所差异,因此如果要对我国工业企业出口与创新的关系进行较为深入和准确的研究,那么对于不同规模的企业,将采取不同的分析。

最后需要提出的是,企业的出口和创新之间并不存在单向的因果关系,它们之间是相互作用的,企业出口既是创新行为的结果,同时创新能力的提升也是企业出口后所得到的益处。

第5章 规模差异下技术创新对出口影响的分析

第4章的研究结果证明,企业的规模特征因素确实影响到了企业技术创新对出口倾向和出口强度作用的发挥,因此将不同规模的企业放在一起进行研究,不仅可能会掩盖各规模企业类群的作用差异,更严重的,会对企业技术创新的出口影响造成曲解。因此,本章同时考虑企业的创新模式与规模特征的影响,在按企业规模进行分类的基础上,在各规模企业群内部进行创新模式的二次分类,通过构造 Logistic 模型和 WLS 模型,解释各规模企业内部不同创新模式企业间以及各创新模式下不同规模企业间,其技术创新对出口倾向以及出口强度影响的差异,并将本章结论与第4章企业总体的测度结果进行对比分析,以强调对考察企业规模影响的重要性。

5.1 企业规模差异作用的理论依据

5.1.1 企业规模差异下技术创新与出口关系的研究

通过企业出口行为与创新行为关系的文献研究,我们发现几乎所有的学者都认为不同规模的企业在出口贸易发展前景规划以及现有出口行为的偏重点上存在较大的差异,因此多数学者都选择针对不同规模的企业分别进行研究。通过第4章的分析可以看出,对我国规模以上工业企业来说,企业规模确实影响了企业出口行为与创新行为的关系,因此本章分别对大型、中型和小型工业企业的创新行为对出口的影响进行研究。

在国外学者对不同规模企业技术创新对出口行为的影响分析中,多数都考虑到了数据结构的特殊性,以及由于这种特殊性所带来的创新的划分类型问题,不同的划分标志代表着不同的分析角度,这在本研究中也是值得注意的问题和创新点之一。

创新与出口关系的企业层面研究能够塑造创新的企业特定效应,但是也会受到创新数据结构的限制,多数国外学者在进行相关方面研究时都注意到了这个问题。Wakelin(1998)利用 SPRU 创新调查及企业账户的研发和创新数据来检验英国制造业企业创新对出口的影响。SPRU 数据的纵向性质使得 Wakelin 能够考虑作为一个创新企业对出口强度的直接影响,但是无法验证创新质量对出口倾向性的作用。Wakelin 使用 Probit 模型验证了出口倾向,用回归模型验证了出口倾向性,并且研究发现了创新企业与非创新企业在出口倾向性方面存在显著的差异。对所有企业建模时,Wakelin 的检验结果显示,创新企业的身份显著地减少了出口倾向和出口倾向性。在创新企业中,所拥有的创新数量越多,出口的可能性就越大。创新和非创新企业的技术溢出对创新概率具有积极作用,而对创新扩展具有消极作用。

Wakelin(1998)还发现,当使用不同的技术指标(使用研发支出或 SPRU 中的创新数量数据)进行研究,对出口倾向性的影响也会有所不同,在其他研究中也有类似的发现。Lefebvre 等(1998)对加拿大、Bechetti 和 Rossi(1998)对意大利企业的检验均发现研发对出口倾向性没有显著影响,但是其他的指标具有积极作用。这表明单独建立在研发强度基础上的研究会引起误导,用多种创新指标则更加合理一些(Brouwer 和 Kleinknecht,1996)。Kumar 和 Siddharthan(1994)对 1988 - 1990 年间印度 640 家企业研发支出对出口倾向性的影响进行了分析,并且得出结论:研发对出口倾向性具有显著的作用,但是这种作用只局限于中小型技术行业中。相似地,Willmore(1992)使用研发数据作为创新指标,对巴西的出口和进口进行检验,发现研发对出口没有作用,但是国内研发支出的较高水平会减少进口倾向性。Hirsch 和 Bijaoui(1985)同样以研发支出作为创新指标对以色列企业的出口行为进行验证,结果发现研发支出以及其滞后模式决定了出口倾向性的水平和变化。

在近期研究中,Sterlacchini(1999)对挪威和意大利中部非研发密集型行业的 143 家小型企业的创新对出口行为作用进行研究。他使用了折中的方法,即既包括了企业生产创新行为,也包括了企业资本存量的技术和资金指标,以及组织和市场地位指标。他的研究证明即使在非技术密集型行业内,创新仍然是决定小企业出口行为的重要因素。对创新资本品的投资,以及这种产品在企业资本存量中的重要性都与企业规模以及在价值链中的地位有关。"因此对于小企业来说,小的有效的规模和'独立企业'的地位是进入外国市场不可避免的条件,因此企业出口行为较大地取决于其创新努力和资本存量的'质量'"。

5.1.2 研究方法选择

当使用不同的技术指标来代表企业的创新属性时,模型检验结果常常显示技术创新对出口倾向性的影响有所不同,也就是说企业出口行为和创新行为的关系研究具有较为强烈的创新标准选择的敏感性。考虑到本研究所使用数据库的特殊性,在本研究中主要用两种方式衡量企业的创新类型,第一种是以企业是否具有新产品产值为衡量企业是否进行创新的标准,在这种衡量标准下,将企业分为创新企业和非创新企业,并就相同的自变量建模,其中反映创新行为的指标为研发费用支出;第二种是以企业是否具有研发费用的支出作为衡量创新行为的标准,据此将企业分为创新企业和非创新企业,并就相同的自变量建模对比分析,其中反映创新行为的指标为新产品产出。

该部分研究目的在于判定能够显著标志和区别企业出口倾向的因素,是否与能够显著标志和区别企业出口强度的因素存在差异。在每一种创新衡量标准分类下,进行两种模型的估计,一是企业出口倾向的预测模型,采用 Logit 估计模型,其中因变量为(0,1),有出口行为的企业赋值1,无出口行为的企业赋值0;第二个模型仅以有出口行为的企业为样本,考察企业出口倾向与企业特征之间的关系,其中因变量为企业出口交货值占产品销售收入比重,自变量与第一个模型的自变量相同,同时考虑到异方差出现的可能性,因此采用 WLS 估计。

在已有研究中有的学者使用 Probit 模型估计企业出口倾向,经过对两种模型的研究和分析,发现 Probit 模型在分组的实验数据分析中拥有较好的应用,而对于自变量中有连续变量的模型来说,采用 Logit 模型较优。综上考虑,该部分的分析中仍然采用 Logit 模型。

5.2 大型企业创新行为对出口贸易作用分析

5.2.1 大型企业基本特征描述

为了直观地观察两种企业创新属性分类标准下,出口企业与非出口企业之间的差异,本研究对8种不同类型企业的一系列企业特征进行对比描述分析,具体的企业特征现状展示在表5-1中。

2006年我国规模以上大型工业企业中有65.58%的企业有出口贸易,并且在两种创新标准分类下,创新型企业中出口企业的数量都远远高于非出口企业,而在非创新型企业中出口企业和非出口企业数量相差不大。整体来看,大型企业的国际竞争意识较强,这与我国工业企业整体出口企业份额较小的情况有所差异。

表 5-1　创新模式下大型工业企业基本特征描述

企业类型 企业基本特征	以新产品产出为标准				以研发投入为标准			
	创新型		非创新型		创新型		非创新型	
	出口	非出口	出口	非出口	出口	非出口	出口	非出口
企业数量	865	128	817	755	1078	438	604	445
平均职工人数/万人	0.65	0.44	0.67	0.65	0.74	0.81	0.52	0.43
平均工业总产值/亿元	49.4	33.4	40.53	40.38	52.56	53.48	31.78	25.47
平均出口交货值/亿元	12.5		15.61		12.93		15.96	
人均主营业务工资/万元	2.46	2.39	2.45	2.49	2.52	2.69	2.34	2.26
研发费用/新产品产值/亿元	0.6	0.22	0.16	0.09	13.47	3.70	5.35	0.97

考察企业规模时企业职工人数和工业总产值是常用指标,在相同的创新类型企业中出口企业的平均职工人数相对都要大于非出口企业,同样出口企业的平均工业总产值也相对大于非出口企业,从这两个方面来看,整体上讲出口企业的规模都要大于非出口企业,这与很多学者所认为的,规模较大的企业更有优势进入国外市场的假设相同。但是不同规模的企业,企业规模因素和企业出口倾向及出口强度之间并不一定完全是线性关系,这在本章的研究中也有所体现。

以新产品产出为企业创新类别的划分标准下,通过对各类型企业求平均值,发现创新型企业的研发费用支出规模是非创新型企业的3倍多,而在各个创新类型企业内部,出口企业的研发费用支出又几乎是非出口企业的3倍;同样在以研发投入为划分企业创新类型的标准下,创新型企业的平均新产品产值是非创新企业的近3倍,而各创新类型内部出口企业的新产品产值是非出口企业的3倍左右。但是在人均主营业务工资方面,创新企业和非创新企业,以及各种创新类型企业内部出口企业和非出口企业之间的差距并不是十分明显,只有在研发投入为判别标准下创新型企业的平均主营业务工资要显著高于非创新型企业。对于大型企业来讲,不论是否进行创新,也不论是否进入国际市场,对人才的关注程度相当。

5.2.2　大型企业研究模型的建立与拟合结果

第4章的分析已经证实,企业的多种因素都对出口倾向具有显著作用。在探讨大型规模以上工业企业出口行为时同样从企业规模特征、成本控制特征和创新行为3个方面来考虑,但是相对于第4章的研究来说,更加具有针对性。

企业规模特征因素中,仍然选用职工人数代表企业的规模,并加入职工人数的平方项,检验企业的出口倾向与企业规模之间是否存在U形关系。除此之外,考虑到大型企业通常具有较强的生产能力,但是面对各种危机和挑战时,大型企业在经营和管理方面通常会表现出较大的差异,从而造成不同的大型企业在盈利能力上的区别,因此对大型企业出口行为的研究中,采用营业利润作为衡量企业生产和经营能力的指标纳入模型。大型企业与中、小型企业相比,工资水平起点高,对人才更加重视,对人才的激励也更加严格,因此在大型企业样本内部探讨人均主营业务工资对出口行为的影响,更加能够反映出高技术人才在出口行为中所发挥的作用。

在第4章的讨论中,各种管理费用对出口倾向和出口强度的作用基本相同,因此在对大型企业的研究中,采用管理费用指代企业的整体成本控制特征,而不再对各种管理费用进行分别考虑。

本研究在两种企业创新属性分类标准下,针对相同的自变量研究创新企业和非创新企业在出口倾向(Logit估计模型)和出口强度(WLS估计方法)上的差异,估计结果如表5-2、表5-3所示。

表5-2 大型企业技术创新对出口行为的作用模型拟合结果
——基于创新产出因素影响

企业类型 拟合结果	以新产品为创新衡量标准			
	Y:出口倾向		Y:出口强度	
	创新	非创新	创新	非创新
C	1.4363	0.1833	-0.21	2.35
职工人数	0.9360	-0.1606	29.90	82.09
职工人数平方	-0.0559	0.0418	-3.0	-11.85
人均主营业务工资	0.0044	0.0006	5.36	0.003
营业利润	-0.0016	-0.0009	0.31	1.32
管理费用	-0.0524	-0.0791	-2.75	-14.70
创新行为	0.3493	0.4412	-0.23	12.43
预测准确率	87.1	55.3		
Chi-square	17.555	21.599		
调整R方			0.999	0.814
D-W			2.00	2.00

表 5-3 大型企业技术创新对出口行为的作用模型拟合结果
——基于创新投入因素影响

企业类型 拟合结果	以研发费用支出为创新衡量标准			
	Y：出口倾向		Y：出口强度	
	创新	非创新	创新	非创新
C	1.2089	-0.0938	0.40	1.04
职工人数	-0.5001	1.0994	20.77	82.66
职工人数平方	0.0534	-0.0208	-2.19	-8.50
人均主营业务工资	-0.0921	0.0374	7.56	4.50
营业利润	-0.0022	-0.0158	0.31	-0.97
管理费用	0.0156	-0.2748	-4.81	-5.21
创新行为	0.0296	0.0420	0.09	0.05
预测准确率	71.6	60		
Chi-square	66.588	45.547		
调整 R 方			0.984	0.770
D-W			2.00	2.021

5.2.3 大型企业非技术创新因素影响分析

在以新产品为分类标准时非创新企业和以研发投入为分类标准下的创新企业，其出口倾向与企业规模（以职工人数指代）之间存在明显的 U 形关系，但是并非国外学者相关研究中所提出的倒 U 形关系，即在大型工业企业群体中，随着企业职工人数的增加，大型企业会先考虑在国内市场发展，以获取利润，稳定市场份额，扩大企业规模，当企业的发展达到一定程度后，继续增加企业职工规模，则企业对国际市场的关注度开始上升，出口产品的概率也会逐渐扩大。而以新产品为分类标准时创新企业和以研发投入为分类标准下的非创新企业出口倾向与职工人数之间存在正向的线性关系。这样看来，我国的大型工业企业与国外企业相比，企业出口贸易的发展过程所受到的企业规模的作用存在阶段性的差异。但是从图形和数值上看，企业规模的扩大对企业的出口倾向是具有积极作用的。

对于已经进入国际市场的大型规模以上工业企业来说，两种创新类型分类下创新型企业和非创新型企业的出口强度与企业规模之间具有标准的倒 U 形关系，这与国外学者的研究结果大致相符，即当我国大型工业企业达到一定规模之后，继续增加企业的职工总量，反而会降低企业的出口强度。因此把握适度的企业规模十分重要。

在企业出口倾向的影响因素测度模型中,企业的人均主营业务工资只在个别模型中作用显著,其中主营业务工资既属于企业成本的一项,同时也是企业人力资本积累的衡量,是企业的高技术人才的体现。但是从模型拟合结果看,大型企业的出口倾向并未受到人均主营业务工资的积极作用,并且在以研发费用支出为分类标准下的创新型企业出口倾向的影响因素测度模型中,人均主营业务工资的成本提升反而降低了企业的出口可能性。在企业出口强度的预测模型中,人均主营业务工资的提升对各种创新类型企业的出口强度都具有积极作用,只是以新产品为分类标准下,非创新型企业的这种作用相对较低,且不具有统计意义上的显著性。可见对于出口企业而言,企业更加关注的是高技术人力资本的积累,而工资提升带来的劳动成本负担对企业出口强度的抑制作用会被高技术人才积累的促进作用所掩盖。

大型企业的营业利润对企业出口倾向基本上没有任何影响。另外,管理费用增加对于我国规模以上大型工业企业来说,主要体现为成本的扩大,这样对企业出口倾向会带来负面作用,同时这种负面作用对于两种分类标准下的非创新企业十分显著。这样反映出我国规模以上工业企业中大型企业总体受制于成本的压力,创新行为的作用有所发挥,但是仍不充足,这也与国外学者研究中所得出的大型企业对成本压力轻视的研究结果大相径庭。但是管理费用的支出却表现出较为一致的降低企业出口强度的特点,因此可以预测管理费用增加成本的负面作用要大于其使企业适应市场的正向作用,我国大型工业企业在管理方面的效率仍需加强。

企业营业利润对出口企业基本上表现出积极作用,只有以研发投入为标准下非创新出口企业的营业利润提升会降低企业的出口强度,这种类型企业的新产品对其出口倾向同样不具有显著作用,由此可见没有进行研发投入的企业,其出口策略并非是以技术取胜,新产品的生产并不会提升其出口竞争力,并且随着企业利润的提升,这种类型企业则会更多地选择在国内市场发展,而放弃进军国际市场。

5.2.4 大型企业技术创新因素影响分析

从创新产出(以新产品产值为代表)的角度定义企业的创新属性,构造模型研究大型企业技术创新对出口倾向和出口强度的作用。从模型拟合结果看,不论是创新型企业还是非创新型企业,其研发费用支出均有效提升了该企业出口的可能性,并且对于非创新型企业来说,研发费用支出每上升一个单位,企业出口倾向比不出口倾向提升 0.55 倍;而对于创新型企业,研发费用每上升一个单位,企业出口倾向比不出口倾向上升 0.41 倍。因此对于大型企业而言,主动的创新行为会提升企业的出口热情和积极性,特别是对于暂时还没有新产品创造的大型企业而言,在进行了研发的资金投入后,通常会认为企业自身的科技水平有所上升,从而增加了企业的国际竞争力,出口的信心和热情便会随之高涨。

同样,当以企业是否进行了研发费用支出作为创新行为的衡量标准时,创新型企业和非创新企业的出口倾向都受到新产品生产的显著促进作用,并且与第一种判别方式相同,非创新企业出口倾向所受到新产品的促进作用要强于创新企业,基于创新投入角度的创新属性判别方式下,非创新企业每提升一单位的新产品产值,则企业出口倾向比不出口倾向提升 0.04,而创新型企业只达到了 0.03。综合来看,研发费用的支出相对于新产品生产来说,对企业出口倾向的影响程度更大,并且这种影响会随着企业创新活动的加强而不断减弱。根据边际效应递减的规律,当企业已经开始通过创新行为来加强出口之后,增加单位创新资源,对企业出口行为所产生的作用会不断降低。

无新产品的非创新型企业的研发费用支出,以及有研发费用支出的创新型企业的新产品产出都显著提升了企业的出口强度,但是有新产品产出的创新型企业所进行的研发费用支出反而会降低其出口强度(虽然不显著)。根据国际大企业的发展策略,当企业发展到一定阶段后,企业内部只进行核心的技术研发,而将基础的研发工作外包出去,这种成熟的企业创新模式下企业的研发费用支出较为稳定,增长的研发费用投入不但不会促进其产品的国际贸易竞争力,反而会抑制企业产品的出口。但是新产品生产对大型企业出口强度的促进作用,却不会因为企业创新模式的差异而有所不同。

5.3 中型企业创新行为对出口贸易作用分析

5.3.1 中型企业基本特征描述

中型企业总体中出口企业数量仅为非出口企业的近 1/2,也只有以新产品为分类标准下,创新型企业中出口企业的数量显著多于非出口企业;剩下的两种类型企业内部,非出口企业均在数量上占据优势。与大型企业相比,我国规模以上中型工业企业在国际贸易竞争力上还存在不足,因此中型企业中也只有近 1/3 的企业有能力进入国际市场竞争。尽管出口企业在数量上不如非出口企业多,但是从企业规模特征上看,出口企业不论是在职工规模还是在工业总产值规模上都高于非出口企业。同时从人力资本的积累上看,两种标准下的创新型企业平均主营业务工资水平均要高于非创新型企业,尤其是以研发费用支出为标准下的创新型企业人均主营业务工资水平更是大大超出非创新型企业，因此当中型企业开始进行研发投入之后，必定会注重高技术人才的吸引和使用。

在以新产品为分类标准下创新型企业的研发费用支出是非创新型企业的4倍多（表5-4），创新资金的持续增加是企业提升贸易竞争力的基础，也是企业出口扩张的基础。在本书对不同创新类型企业内部的出口企业与非出口企业的描述中也可看出，出口企业往往更加注重研究开发的资金投入；在以研发投入为分类标准下创新型企业平均新产品产值也高于非创新企业，且在各种类型企业内部出口企业新产品产值均高于非出口企业数倍。另外值得关注的是中型工业企业中，创新型出口企业的新产品产值并没有非创新型出口企业的高，这反映出，我国中型工业企业虽然进行了研发资金的投入，但是由于效率低以及创新活动的滞后性，并没有在当期完全转化为新产品的生产；相反，那些自身没有进行研发投入，而是靠其他途径取得新产品的非创新企业反而会有更多的创新产品，同时这些非创新型企业群体中，企业一旦获得了新产品，绝大多数都会选择进入国际市场，因此非出口企业中新产品产值相对非常低。

表5-4 创新类型分类下中型工业企业基本特征描述

企业基本特征 \ 企业类型	以新产品产出为标准				以研发投入为标准			
	创新型		非创新型		创新型		非创新型	
	出口	非出口	出口	非出口	出口	非出口	出口	非出口
企业数量	10726	6331	33614	82995	8458	10714	35882	78612
平均职工人数/人	457	330	446	253	577	351	418	245
平均工业总产值/亿元	2.04	1.72	1.48	1.15	2.81	1.85	1.33	1.10
平均出口交货值/亿元	0.65		0.78		1.03		0.68	
人均主营业务工资/万元	1.77	1.85	1.89	1.65	2.23	2.04	1.77	1.61
研发费用/新产品产值/百万元	1.49	1.27	0.33	0.12	59.98	20.57	68.12	2.39

5.3.2 中型企业研究模型的建立与拟合结果

对中型企业的技术创新对出口行为作用进行分析时，同样采用企业是否具有新产品产出，以及企业是否具有研发费用支出这两种判别标准对企业的创新属性进行划分。

模型中所包含的变量涉及企业的规模特征、成本控制特征以及创新行为特征，初步选入的变量包括职工人数、职工人数平方、工业总产值、工业总产值平方、销售收入、人均主营业务工资、营业利润、管理费用、销售成本、销售费用、新产品产值、研发费用。在对中型企业规模与出口倾向之间的 U 形关系的研究中,不同的学者采用了不同的企业规模指代指标,比较常见的为职工人数和企业生产总值,因此本研究通过对加入不同指标的模型进行比较,确定指代我国中型工业企业规模的指标。

在因素的选取过程中,坚持统计意义与经济意义相结合的原则,通过统计软件筛选显著性强且拟合结果较优的变量,同时从经济意义上出发,删除一些内容相似的变量,同时加入虽然被统计软件删除掉,但仍然具有较大重要性的指标。统计软件的筛选结果表示,对于无创新行为的企业,职工人数以及工业总产值都与企业出口倾向之间呈现非线性关系,但是对于创新型企业的拟合结果显示,只有职工人数显著地与企业出口倾向之间存在非线性关系,综合考虑,在模型中采用职工人数指代企业规模。同时软件筛选结果显示,对于各种类型企业,人均主营业务工资以及管理费用均可纳入模型。同时企业营业利润在非创新型企业中具有统计上的显著性,而对于创新型企业计算程序不允许纳入模型,但是创新型企业的模型中营业利润在所有被删除的指标中,得分最高,因此仍考虑将其加入模型。同时,因为本研究所考虑的是企业技术创新对出口行为的作用,因此尽管在以新产品为分类标准时创新企业模型中研发费用被剔除在模型外,但仍将新产品产值和研发费用支出作为衡量企业创新特征的指标。

因此,进入模型的变量最终确定为企业职工人数、职工人数的平方、营业利润、人均主营业务工资、管理费用、新产品产值、研发费用,与大型企业的模型指标相同。

基于创新产出因素影响的企业创新模式分类,与基于创新投入因素影响的企业创新模式分类下,研究模型的拟合结果如表 5-5、表 5-6 所示。

表 5-5 中型企业技术创新对出口行为的作用模型拟合结果
——基于创新产出因素影响

拟合结果 \ 企业类型	以新产品为创新衡量标准			
	Y_1:出口倾向		Y_2:出口强度	
	创新型	非创新型	创新型	非创新型
C	0.23	-1.61*	-0.16*	0.73**
职工人数	10.55*	17.59*	492.70*	1155.08*
职工人数平方	-15.32*	-20.00*	-991.77*	-2255.44*
人均主营业务工资	-0.02***	0.12*	7.75*	7.32*

(续)

拟合结果\企业类型	以新产品为创新衡量标准			
	Y:出口倾向		Y:出口强度	
	创新型	非创新型	创新型	非创新型
营业利润	0.05	-0.05***	-3.93*	-142.55*
管理费用	-0.32**	-0.76*	-45.09*	319.24*
创新行为	-0.01	1.93*	-19.64*	-433.37*
预测准确率	62.9	71.2		
Chi-square	375.505	6645.342		
调整 R 方			0.9995	0.9955
D-W			2.0973	1.9975

注：*$P<0.001$；**$P<0.1$；***$P<0.05$；****$P<0.1$，余同

表5-6 中型企业技术创新对出口行为的作用模型拟合结果
——基于创新投入因素影响

拟合结果\企业类型	以研发费用投入为创新衡量标准			
	Y:出口倾向		Y:出口强度	
	创新型	非创新型	创新型	非创新型
C	-1.04*	-1.39*	0.34**	0.25***
职工人数	17.46*	16.45*	1012.41*	1110.33*
职工人数平方	-31.38*	-17.64*	-3669.90*	-2396.33*
人均主营业务工资	0.08*	0.10*	3.49*	20.05*
营业利润	-0.04	-0.07**	17.87*	70.78*
管理费用	-0.53*	-0.75*	-77.10*	-323.05*
创新行为	0.15*	0.31*	3.04*	-26.33*
预测准确率	62.6	69.4		
Chi-square	1402.835	5852.606		
调整 R 方			0.9763	0.9770
D-W			1.9998	1.9908

5.3.3 中型企业非技术创新因素影响分析

8个用于判断中型工业企业技术创新对出口倾向和出口强度影响的模型拟合结果显示,影响企业出口倾向和出口强度的因素几乎相同,也就是说中型工

业企业在进入国际市场之前和进入国际市场之后,其发展方向和发展途径并未发生根本性的改变。

8种类型的中型工业企业,其企业规模与出口倾向和出口强度之间都具有十分明显的倒U形关系,这说明不论中型企业是否进行了创新活动,当企业职工数量达到一定规模后,继续增加职工人数,扩大企业规模,则企业对于出口的热情会不断下降,并且企业出口的强度也会减弱。

与大型企业不同的是,中型企业中几乎所有类型企业的(除了在新产品分类标准下的创新型企业)出口行为都受益于人均工资水平的提升,因此对我国中型工业企业而言,企业高技术人才的积累效应,要强于吸纳高技术人才所带来的成本增加效应,从而使得企业的出口可能性相对于不出口的概率显著提升。另外在企业已经进入国际市场后,高技术人才的积累也使得企业出口销售收入在整体产品销售收入中所占比重增长,企业发展对出口的依赖性更强。

除新产品分类标准下的创新型企业营业利润对其出口行为无显著影响外,其他几种类型中型工业企业营业利润的增加都会不同程度地降低其出口倾向与出口强度。其中最为可能的解释在于,我国中型工业企业营业利润的大部分仍然来源于国内市场,当国内市场状况变得越来越好时,企业出口竞争的动力将会降低。同样,管理费用的支出也使得企业的出口倾向和出口强度都有所下降,因此对我国中型工业企业来说,管理费用所带来的成本增加对企业出口行为的抑制作用,要显著高于加大管理力度所可能给企业带来的利益。

5.3.4 中型企业技术创新因素影响分析

两种企业创新属性分类标准下,创新行为指标显示出不同的影响作用。在以新产品为企业创新属性分类标准下,创新型企业的研发费用的支出不仅会抑制企业的出口倾向,而且还会降低企业的出口强度。而非创新型企业的研发支出能够显著提升其出口可能性,但是对于已经进入国际市场的中型企业而言,研发费用支出的增长会降低它的出口强度。

在以研发投入为企业创新属性分类标准下,对于创新型企业而言,新产品生产显著提升了企业的出口倾向和出口强度;而对非创新企业而言,新产品值的增加会增加企业产品出口的可能性,但是从出口强度看,新产品的生产对其是有抑制作用的。这样看来,新产品的出现对于企业出口竞争力的增强确实具有有效作用,但是新产品的生产对非创新企业在国内市场的销售更加有益,因此与国内市场的销售相比,企业的出口强度会有所下降。

整体来看,创新投入对我国中型工业企业的出口行为具有较为普遍的负面作用,而创新产出却能够显著提升企业的出口热情和依赖性。总体而言,我国中型工业企业的出口行为受益于创新能力的提升,但是这种创新能力却不是主要依靠自身的大量创新资金投入而获得的,在某种程度上可以说,我国中型工业企业的创新还停留在"学习 – 模仿"阶段,自主研发的创新能力还有待加强。

5.4 小型企业创新行为对出口贸易作用分析

5.4.1 小型企业基本特征描述

小型企业中,非出口企业与出口企业数量上的差距进一步扩大,其中非出口企业几乎是出口企业数量的4倍。这是因为随着企业规模的缩小,进入国际市场的困难增多,因此企业在做出进行国际贸易的选择时会有更多的顾虑。与大型和中型工业企业相比,在企业的非创新行为特征方面,小型企业中出口企业与非出口企业之间差距在逐渐缩小。各种创新类型下出口企业与非出口企业各自的职工人数保持在一个相对稳定的范围,出口企业职工人数在100人左右,略高于非出口企业(75人左右),出口与非出口企业的平均工业总产值以及人均主营业务工资差距也非常小,直观看来小型企业中出口企业与非出口企业在规模,以及企业的经营方面并不存在显著的差异。

但是从企业的创新行为方面来看,小型企业中创新型企业与非创新型企业,以及各自内部出口企业与非出口企业之间差距却十分显著。新产品成为小型企业进入国际市场的重要工具,而研发费用投入并未成为促进企业出口的有效措施:在以新产品产出为划分企业创新属性标准下,创新型企业在研发上的投入整体上优于非创新型企业,但是创新型企业中出口企业的研发投入大大少于非出口企业;非创新型企业内部,出口企业与非出口企业在研发投入上的差距并不如创新型企业那么明显。

在以研发投入为判别企业创新属性标准下,从企业创新特征角度观察,创新型企业中出口企业和非出口企业的新产品产值,均高于非创新型企业中的出口企业和非出口企业(表5-7);从企业出口特征角度观察,出口企业(包括非创新和创新型企业)要比非出口企业(包括非创新和创新型企业)拥有更多金额的新产品。由此可见,企业的研发投入促进了企业新产品的生产,特别是在出口企业的群体中,进行研究开发投资的小型企业的创新产品获得能力,相对而言远远高出无内部研发费用支出的企业。

表5-7 创新类型分类下小型工业企业基本特征描述

企业基本特征 \ 企业类型	以新产品产出为标准				以研发投入为标准			
	创新型		非创新型		创新型		非创新型	
	出口	非出口	出口	非出口	出口	非出口	出口	非出口
企业数量	5355	5865	27007	122104	2083	6523	30279	121346
平均职工人数/人	92	74	104	72	103	77	102	72
平均工业总产值/亿元	0.16	0.14	0.15	0.13	0.16	0.15	0.15	0.13
平均出口交货值/千万元	0.59		1.01		0.82		0.94	
人均主营业务工资/万元	1.27	1.46	1.48	1.31	1.66	1.56	1.43	1.30
研发费用/新产品产值/万元	5.64	14.10	1.05	0.88	288.15	192.25	57.77	19.65

5.4.2 小型企业研究模型的建立与拟合结果

小型企业样本拟合结果显示,用职工人数表示的企业规模和用工业总产值表示的企业规模都与企业的出口倾向表现出了Wakelin所指出的非线性关系,并且职工人数及其平方项加入模型对模型整体效果和优度的改善,要显著强于工业总产值及其平方项的加入,因此决定仍采用职工人数指代企业规模。在大型企业和中型企业的分析中,均采用管理费用表示企业管理对出口行为的影响,但是小型企业通常由于缺乏资金而对企业管理重视不够,反而更加专注于企业成本的增加对其出口行为的影响,因此在小型企业出口行为的研究中采用销售成本指代企业的管理特征,另外销售成本指标的加入也显著提升了模型优度。

小型企业研究中企业特征的多种候选指标都具有统计上的显著性,根据这些指标对模型拟合优度的改善,以及考虑到与大型和中型企业的对比,除了销售成本指标外,其他指标与大型和中型工业企业研究相同。

以创新投入要素和创新产出要素为企业技术创新模式分类标准下,模型的拟合结果如表5-8、表5-9所示。

表5-8 小型企业技术创新对出口行为的作用模型拟合结果
——基于创新产出因素影响

拟合结果 \ 企业类型	以新产品为创新衡量标准			
	Y:出口倾向		Y:出口强度	
	创新型	非创新型	创新型	非创新型
C	-0.98*	-3.14*	0.40*	0.70*
职工人数	1.10*	1.94*	70.14*	86.93*
职工人数平方	-0.26*	-0.42*	-26.05*	-25.86*

(续)

拟合结果\企业类型	以新产品为创新衡量标准			
	Y:出口倾向		Y:出口强度	
	创新型	非创新型	创新型	非创新型
人均主营业务工	-0.09*	0.22*	5.18*	10.22*
营业利润	10.00*	-7.49*	-503.69*	64.25*
销售成本	3.22*	1.21*	-19.10*	5.48*
创新行为	-7.33*	-0.42	-10.46*	-42.70****
预测准确率	60.3	81.7		
Chi-square	685.299	8471.574		
调整 R 方			0.9994	0.9966
D-W			1.9579	1.9942

注：*$P<0.001$；**$P<0.1$；***$P<0.05$；****$P<0.1$

表5-9 小型企业技术创新对出口行为的作用模型拟合结果
——基于创新投入因素影响

拟合结果\企业类型	以研发费用投入为创新衡量标准			
	Y:出口倾向		Y:出口强度	
	创新型	非创新型	创新型	非创新型
C	-2.72*	-2.92*	0.12***	1.28*
职工人数	1.79*	1.82*	59.90*	106.0*3
职工人数平方	-0.40*	-0.40*	-20.89*	-39.71*
人均主营业务工资	0.13*	0.18*	8.00*	6.53*
营业利润	-2.97****	-4.12*	-125.14*	-204.95*
销售成本	1.47*	1.26*	37.94*	-34.69*
创新行为	0.29*	0.84*	4.71*	0.31
预测准确率	76.0	79.9		
Chi-square	463.768	8715.409		
调整 R 方			0.9896	0.9938
D-W			1.9112	2.0022

5.4.3 小型企业非技术创新因素影响分析

小型企业出口倾向和出口强度预测模型的拟合结果与中型企业十分相似。

用职工人数指代企业规模时,企业出口倾向和出口强度都表现出与企业规模很强的倒 U 形关系,小型企业的小规模特征同时造就了其更大的灵活性,在市场变化中,小型企业可以迅速做出反应,不用担心庞大的企业的调整问题,因此在进入国际市场时具有一定的优势,但是当企业规模扩张到一定程度后,这种灵活性就将失去,进而也会影响到企业的出口行为。

人均主营业务工资的提升对两种分类标准下非创新型企业出口倾向和出口强度的提升都显示出积极作用,对于无创新资金投入或无创新产品的小型企业来说,为了提升企业的技术水平,它们更加依靠的是高技术的人员,或是更多的熟练工人,因此人力资本的积累是它们出口扩大的重要基础;对于创新型企业来说,具有新产品产出的小型工业企业人均主营业务工资的提升对其出口倾向产生消极作用,这与中型企业拟合结果类似,同时这种类型小型企业出口倾向的提升要受益于营业利润的提升,这与其他类型企业拟合结果有所出入,因此拥有新产品的中型和小型企业要想进入国际市场,除了依靠自身具有的新产品外,更多地是依靠企业自身利润的增加,人才的积累对其进入国际市场并无优势,但是当企业进入到国际市场后这些高技术人才的积累却能够使企业更好地在国外市场中竞争,这也是中国中、小型企业与大型企业在国际市场进入策略,以及发展策略上最大的不同。

与管理费用不同,销售成本包括企业销售商品产品、半成品以及提供工业性劳务等业务所形成的主营业务成本,以及企业销售材料、出租包装物和固定资产等业务所形成的其他业务成本,一般认为企业的主营业务成本是企业销售成本的主体。8 种模型所预测的企业销售成本对出口倾向和出口强度的作用结果显示:对于企业出口倾向预测而言,不论是创新型企业还是非创新型企业,销售成本的提升均会提高小型工业企业的出口倾向。

对于企业的出口强度预测模型而言,有新产品的小型企业销售成本提升后,企业虽然对出口的愿望和热情会有所上升,但是从实际的情况看,小型企业依靠新产品的优势在国际市场中发展是困难重重的,如果销售成本上升,则必定会减弱新产品所带来的出口优势,因此在企业整个销售收入中,出口产品收入所占比重会下降;而无新产品的小型工业企业主是依靠传统产品获得利润,因此该种类型企业销售收入的增加主要是由于企业在国际市场产品销售数量增大而引起的,因此销售成本越高,则预示着企业的出口产品销售在整个产品销售额总量中所占比重越大。

有研发投入的小型企业销售成本对企业出口强度具有积极作用,而无研发投入的小型企业正好相反。主动进行研发投资的小型企业,其目的都在于生产更多的新产品,增加企业的出口收入,因此企业在取得一定的研发成果后,必定会为了推广这种成果而花费大量的资金,这种销售成本的增加,预示着企业在国外市场中销售的扩张(结论也证实,小型企业在获得新产品后会更加关注国外市场的发展),这样必然会提高企业的出口强度。反之,无研发投资的企业必然在技术创新上相对弱势,这样的企业一旦遇到销售成本的上升,必定会放弃成本更大的国外市场,转向国内市场发展,因此企业的出口强度必然下降。

5.4.4 小型企业技术创新因素影响分析

与中型企业类似,小型工业企业研究中,在以新产品产值为企业创新模式的分类标准下,不论是否属于创新型企业,企业研发费用的支出对企业出口倾向以及出口强度都显示消极作用。并且在创新型企业和非创新型企业的对比中可以看出,研发费用支出对非技术创新企业出口倾向的抑制作用要小于创新型企业,但是研发费用对企业出口强度的抑制作用比较中,创新型企业受到的影响要小于非创新型企业。由此可见,在小型出口企业群体中,创新企业研发费用的使用要优于非创新企业。

在以研发费用为企业创新模式分类标准下,各种创新模式企业中,新产品产值对企业出口倾向和强度均显示出积极作用。从创新型企业与非创新型企业的对比发现,创新型企业新产品生产对企业出口倾向的提升作用要小于非创新型企业,但是对于出口企业而言,创新型企业新产品生产提升企业出口强度的作用要显著大于非创新型企业。因此平均而言,小型创新型企业对技术创新成果的应用能力要高于非创新型企业。

总之,小型企业出口竞争力的提升同样要依靠创新能力的发展,但是其本身却无法承担巨大的创新费用,因此创新费用的扩大会增加企业发展的成本负担,对其出口行为带来抑制作用。因此对于中小型弱势企业来说,它们自主创新能力的提升必须依靠国家的扶持,只有当自身能力达到一定强度之后,才可通过自主研发来促进企业出口。

5.5 本章小结

通过对大、中、小型企业出口行为,以及技术创新对出口行为影响的实证研究,验证了多数学者所提出的企业规模对企业出口行为的影响的假设,并得出一些有意义的结论。

我国规模以上工业企业整体出口积极性不高,这主要是由于中型、小型工业企业国际化趋势偏弱,而绝大部分大型工业企业都存在出口贸易。同时还发现大型工业企业中,出口企业与非出口企业在企业规模、生产能力等方面都存在较大差异,而随着企业规模的降低,出口企业与非出口企业之间的差异也逐渐缩小,小型工业企业中出口企业与非出口企业在基本特征方面已不存在较大差异。不论以哪种方式对企业的创新类型进行分类,总能发现创新型企业的创新行为强度要高于非创新型企业,而在创新企业和非创新企业内部,出口企业的创新行为强度也要高于非出口企业,但是两者之间的差距随着企业规模的缩小也在不断的缩减。

新产品产出不仅能够提升进行研发投入大型企业的出口可能性,而且在进入国际市场后还能够继续提升该类企业的出口强度,对于未进行研发投入的大型企业来说,新产品的获得只能提高其出口倾向,但是对其今后在国际市场中的长远发展却无明显作用。而大型企业所进行的研发投入,不论是否会产生新产品,都对企业的出口倾向有积极作用,但是当大型企业进入国际市场后企业所投入的研发费用却对其今后的发展不再起作用。

中型企业由于企业整体实力上的差距,在技术创新对出口行为的影响上与大型企业略有不同。新产品产出促进了进行研发投入企业的出口倾向和出口强度,但是对于没有进行研发投入的中型企业来说,新产品的生产对企业出口倾向的刺激作用更大,但是在企业进入到国际市场后,当新产品的生产增加时,企业会转向国内市场发展,而降低在国际市场的份额。而研发投入资金的支出对已经进入国际市场的中型企业来说对其出口强度却具有消极作用,而且这种消极作用在没有新产品的中型企业中更为强烈。总体来看,中型工业企业创新投入对出口行为的促进作用减弱,甚至为负,而创新产出虽然提升了企业的出口可能性,却在一定程度上减弱了已经进入国际市场却无研发投入的中型企业的继续扩张和发展。

小型企业的灵活性使得它们在进入国际市场时能够规避一些常见的困难,但是由于其规模小,资金和人力方面存在欠缺,因此不论小型企业所投入的研发支出是否取得了成果,这种创新投入都因为增加了企业成本而降低企业的出口倾向和出口强度,而新产品的生产却对小型企业的出口倾向和强度都存在积极作用。因此对于小型企业来说,进入国际市场的最有效办法就是获得新产品,但是获得的渠道则主要来自于企业外部。

第6章

区域差异下技术创新对出口规模的影响分析

第4章、第5章的研究遵循了国外学者经典的研究思路,但是对于我国工业企业而言,企业的地域特征往往是企业行为研究中不可忽视的重要因素。因此本书用两章的篇幅对不同省域工业企业技术创新对出口行为的影响进行细致剖析。本章利用面板数据模型的研究方法,构造变系数固定效应模型研究工业企业技术创新对出口规模的影响,在时间跨度上考察2001-2006年的变化,在空间跨度上考虑我国30个省域工业企业的特点,并为了与第5章的研究结论进行对比,本章仍然在大、中、小型企业分类的基础上,分析各省域企业技术创新的出口影响特征,及东、中、西部地区的差异。

6.1 基于省域差异的分析的提出

6.1.1 技术创新对出口作用的省域差异研究综述

由于我国特有的经济和政治发展历程,我国企业的发展在某种程度上都带有一定的地域特征,同时这种地域特征也成为企业出口贸易的主要影响因素之一,因此对不同省区不种规模企业出口行为和创新行为的差异进行探索尤为重要。

改革开放30多年来,沿海发达城市依靠先天的经济地理优势,是第一批接触国际市场的区域。在这种先发优势下,目前该区域内多数企业在国际市场中已经占据了一定的地位,随着我国整体经济实力的进一步加强,这些区域的企业已脱离了单纯追求出口额的盲目扩张阶段;而中部和西部地区大部分省区的企业却仍然将出口贸易总额作为企业发展的重要目标。这种在企业发展战略和定位上的显著区别,使得必须重视经济地理位置在企业出口行为与创新行为关系研究中的重要作用。

目前从省区属性上对我国经济发展问题进行研究是国内学者普遍使用的方法之一,但是利用企业的区域属性差异研究技术创新对出口贸易的影响还较为鲜见。本研究掌握的文献资料中,陈健、陈昭(2006)利用2002-2004年我国31个省区的面板数据构建计量经济模型,分析技术创新对我国高技术产品出口的影响,同时讨论东、中、西部在技术创新方面的地区差异。但是该研究建立在全社会创新资源的角度,并非专门从企业的角度进行分析。

本研究认为,以企业数据作为研究的基础,对我国技术创新的出口影响作用的剖析更加直接和深入,并且不同规模的企业往往在出口策略选择上存在较大的差异,因此若将所有规模的企业放在一起进行研究,必然会掩盖甚至曲解大量的信息,从而不能得到准确的结果。因此本研究认为在企业规模分类的基础上,研究不同规模企业类群内,各个省区企业技术创新对出口规模的影响,则更加客观和精确。

6.1.2 面板数据模型构建

该部分研究建立在规模以上工业企业数据的基础上,按照所有工业企业的省区归属进行汇总,形成2001—2006年30[①]个省区工业企业组成的面板数据。由于该部分研究的目的在于探讨各个省区企业技术创新对出口规模的影响,同时考虑到数据有可能会出现自相关问题,因此选用含有$AR(p)$项的固定效应变系数模型[②]:

$$y_{it} = \alpha_i + x_{it}\beta_i + \mu_{it}, \mu_{it} = \rho_i\mu_{it-1} + \varepsilon_{it}$$

$$y_{it} = \rho_{it}y_{it-1} + \alpha_i(1-\rho_i) + (x_{it} - \rho_i x_{it-1})\beta_i + \varepsilon_{it}, i = 1,2,\cdots,N, t = 1,2,\cdots,T$$

式中:y_{it}为因变量;x_{it}为$1 \times k$维解释变量;N为横截面成员个数;T为每个横截面成员的观测时期总数;α_i为模型的常数项;β_i为对应于解释变量向量x_{it}的系数向量;随机误差项μ_{it}相互独立,且满足零均值、等方差的假设;ε_{it}为白噪声。

上述公式展示了$AR(1)$的过程,对于含有$AR(p)$项的固定效应变截距模型,可以经过适当变换为基本的固定影响变截距模型进行估计。

变系数面板数据模型,包括固定效应和随机效应两种方式,随机效应面板数据模型的形式可以表示如下:

---

① 大型工业企业地区差异研究中只选取了29个省区,剔除了海南省和西藏自治区。中型企业和小型企业分别选取30个省区,其中均剔除了西藏自治区。

② 高铁梅,《计量经济分析方法与建模 Eviews 应用及实例》,北京:清华大学出版社,2005年。

$$y_{it} = \delta_i \bar{x}_{it} + u_{it} \quad i=1,2,\cdots,N, t=1,2,\cdots,T$$

式中：$\bar{x}_{it} = (1, x_{it})$，$\delta_i = \bar{\delta} + v_i$；$\delta_i$ 为系数向量，它可以分解为两个部分，$\bar{\delta}$ 为各横截面系数变化的均值，这个值对各个横截面而言是相同的；v_i 为各个横截面系数中变化的部分，它是一个随机变量，该随机变量满足零均值、同方差、相互独立、无自相关以及与自变量无关等一系列假设，但是对于经济数据而言，这些假设通常无法实现。

在模型的选择过程中，我们并没有通过统计检验确定使用何种模型，而是根据两种模型各自适用的条件和情形，最终确定采用固定效应变斜率模型估计各省区技术创新的出口影响作用。

在该模型中，因变量为企业汇总而成的各省区出口交货值总额，其中影响因素（因变量）以第4章与第5章分析中已经确定的影响因素为基础，根据它们的研究结论，本研究将新产品产出与研发投入两个因素同时纳入模型，探讨技术创新的不同阶段对各省区企业出口规模的影响。同时前文的研究发现企业劳动力的数量和质量对大多数企业出口倾向和出口强度影响显著，因此该部分研究假设劳动力数量和质量同样对企业出口规模具有显著的影响，并希望通过模型测算，验证该假设的正确性。

6.2 大型企业技术创新对出口规模影响的区域分析

6.2.1 大型企业基本特征的区域描述

大型工业企业出口贸易与创新行为的区域差异呈现出阶梯式变化，东部大型工业企业在出口强度，以及创新行为的投入和产出量上都是中部企业的数倍。随着西部开发政策推行，资金投向向西部偏斜，首先受益的便是大型工业企业，因此对于西部大型工业企业来说，近年来出口强度逐渐与中部大型工业企业追平，而且企业技术创新的发展速度也非常快。但是由于西部经济发展基础较差，因此从绝对量上看，西部还是处于劣势地位。各区域大型工业企业出口强度整体偏低，东部大型工业企业平均销售收入中只有30%左右来自于出口，而中部和西部的大型工业企业出口强度只有10%（表6-1）。2006年各区域大型工业企业在研发投入上都出现激增，而只有东部大型工业企业同期出现新产品的创造高峰，虽然创新投入与产出之间会有一定的滞后期，但是仍然可以暴露出我国大型工业企业在技术创新效率上的不足。

表6-1　东、中、西部大型工业企业特征比较

企业特征 年份	出口占销售收入比重/%			研发费用/千万元			新产品产值/十亿元		
	东部	中部	西部	东部	中部	西部	东部	中部	西部
1999	20.29	8.71	10.76				17.73	5.68	2.76
2000	20.67	8.82	13.05				26.48	6.81	3.30
2001	21.47	8.17	13.89	16.01	7.25	3.04	31.50	8.02	3.40
2002	24.31	8.25	12.15	16.62	7.32	2.97	40.21	12.52	4.93
2003	27.12	7.64	10.92	21.91	9.41	3.82	53.06	18.81	6.60
2004	31.23	7.87	10.42						
2005	33.72	7.96	8.75	29.07	15.62	6.57	92.16	26.73	10.91
2006	34.50	10.34	10.38	462.39	144.32	64.78	136.47	31.85	14.12

6.2.2 大型企业研究模型的建立与拟合结果

在我国,由于各省区经济地理位置的特点,企业在出口优势上也参差不齐。一般来看,沿海城市企业具有更多的出口便利性,而中西部地区由于身处内陆,加之经济发展程度较弱,企业在出口方面往往会遇到更多的困难。现实状况显示,区域分布对企业出口状况的影响十分明显。该部分研究即是探讨不同省区大型工业企业出口总量的影响因素之间的差异性。

本研究将2001-2006年29个省区大型工业企业相关指标进行汇总,构成"29个省区*6个年份"的面板数据,并采用固定效应变系数的面板数据模型进行拟合,在拟合过程中选择截面加权方法消除异方差。模型中因变量为出口交货值(十亿元),自变量的选择主要参照第4章和第5章分析中经过筛选所用的指标,并对不同进入指标所得出模型的优劣性进行比对和评价之后,最终确定自变量为4个,分别是新产品产值(十亿元)、职工人数(万人)、人均主营业务工资(万元/人)、研发费用(千万元)。其中职工人数反映企业的规模,人均主营业务工资用于反映企业的劳动力质量,新产品产值代表企业的技术创新产出状况,研发费用支出代表企业的技术创新投入状况。采用这些指标建模,模型拟合结果如表6-2所示。

大型工业企业技术创新对出口规模影响的模型数据拟合结果已经根据我国省级行政区化分类进行了排列,前10个省区属于东部地区,中间8个省区属于中部区域,后11个省区属于西部区域[①]。

---

① 在中型和小型企业的省域差异分析中,采用相同的省区排列方式。

表6-2 29省区大型工业企业技术创新对出口行为影响建模结果

(出口交货值:十亿元)

建模结果 省区	截距	新产品产值/10亿元	职工人数/万人	人均主营业务工资/(千元/人)	研发费用/千万元
北京市	-50.00	0.55	-0.73	2.76****	0.08
天津市	-39.94	0.06	3.32	1.39	-0.01
河北省	-19.57	0.09*	0.28*	1.06*	0.00
辽宁省	-42.59	0.30***	0.15	3.48*	0.07***
上海市	-775.17	0.08	23.35*	6.02*	-0.11***
江苏省	-332.50	-0.05	4.46**	9.42****	-0.03
浙江省	-101.08	4.88	-10.52	22.76	-0.26
福建省	70.84	-1.44	9.31	-9.37	0.07
山东省	-59.34	0.13***	0.37	5.39**	0.06
广东省	-105.23	-0.75	5.28*	1.16	0.18****
山西省	-9.88	-0.55**	0.14	1.24*	0.01
吉林省	-13.39	-0.08	0.39	0.58	-0.01
黑龙江省	30.84	0.13	-0.67	-0.39	0.00
安徽省	-5.56	-0.10	0.03	0.88***	0.03
江西省	-3.43	0.18	-0.18	0.39****	0.07****
河南省	-26.50	-0.25	0.49	0.82	0.06
湖北省	24.49	0.26***	-0.27	-1.04***	0.08
湖南省	-29.60	-0.18*	1.15*	0.96*	0.03*
四川省	-4.26	-0.01	0.14	0.67	0.01
重庆市	-5.72	0.05***	0.33****	0.34****	0.01
贵州省	1.74	-0.57****	-0.23	0.21*	0.04
云南省	-10.76	0.12	1.26*	0.06	0.01
陕西省	-1.49	-0.02	0.10	0.25	0.01
甘肃省	-1.40	-1.66	0.35*	0.00	0.74
青海省	-0.15	3.45	2.97	-0.08	-0.15
宁夏区	0.10	1.87	0.13	-0.02	-0.13
新疆区	0.29	0.60***	0.44**	-0.08	-0.09
广西区	3.37	0.00	-0.35	0.06**	0.01
内蒙古区	-26.12	-1.01*	1.83*	0.96*	-0.21*
拟合优度	0.9949	F值	194.76	D-W值	2.1312

注:*$P<0.001$;**$P<0.01$;***$P<0.05$;****$P<0.1$

整体来看,东部地区中大型工业企业虽然较多,出口额较大,但是其出口额受创新行为的影响并不如想象中那么明显;而中部地区中的湖北省,西部地区中的重庆市等省区在国际贸易的发展中,吸取东部省区的经验,不再依靠成本、价格等静态比较优势,而是将重点放在企业技术创新能力的提升上,实现企业动态比较优势的建立和发挥,从而更好地在国外市场中竞争。

6.2.3 东部大型企业实证检验分析

东部省区多数为经济较发达地区,其中作为出口大省的上海市、江苏省和浙江省工业企业出口额并没有明显受到企业创新活动成果的影响,表现为新产品产值指标的参数估计不显著,同时从研发费用支出指标的参数估计值看,均为负,并且只有上海市的参数经过检验显著,也就是说三个出口大省大型工业企业所进行的技术创新的资金投入,不但对企业的出口额增长无益,反而会降低企业出口总量。劳动力因素作用的估计发现,很大程度上,这些传统的出口大省出口贸易额受到了职工人数和人均主营业务工资增长的刺激,这不仅表现出企业规模对大型工业企业出口规模的影响,而且也间接反映出我国出口企业以劳动密集型产品为主的出口结构,同时也看出人力资本的积累扩大对大型工业企业的出口额增长的普遍激励作用。另一个出口大省广东省是劳动密集型产品出口的主要集中地,但是从模拟结果看出,广东地区企业的研发费用投入增长,以及企业规模的扩大同样对其出口额具有积极作用,但是从技术创新的成果看,新产品产值的增加,会降低该省企业出口的平均额度水平。山东省是企业技术创新强势省区之一,该省在加大企业技术创新投入的同时,也取得了显著的成果。从拟合结果看,山东省知识创造过程中,创新资金投入和技术创新成果增长均对企业出口总额的增加起到积极作用。但是从显著性上看,只有已经实体化的新产品才能够真正提升企业出口规模,这样在知识创造过程中就有可能存在着一定的效率和资源损失。

6.2.4 中部大型企业实证检验分析

中部省区中大型工业企业出口规模受到技术创新行为显著影响的省份并不多。其中只有山西省、湖北省和湖南省大型工业企业出口额受到新产品产出的影响,但是也只有湖北省大型工业企业的新产品生产对其出口起到促进作用,其他两个省份大型工业企业生产越多的新产品反而会更加关注国内市场,而减少出口规模。另外,江西省和湖南省大型工业企业的出口额会随着企业研发费用投入的增加而增加,即当企业自主创新的意识加强后,其不论是否会有新产品产生,都会从不同途径提升企业出口总额。从总体上看,中部多数省区大型企业出口规模的扩张得益于人均主营业务工资的提升,人均主营业务工资的提升反映了企业劳动力素质的提升,高工资在一定程度上代表着更高技能的人力资本,因此人均主营业务工资水平的提升,除了区域整体经济环境的影响外,也体现了企业对于高技术人才的重视。总体而言,中部一些省区企业在研发投入上的努力会促进企业出口的增长,但是研发产出的增长会使得企业更多地选择在国内市场中发展壮大,这主要是因为这些省区大型工业企业平均来讲还不具备与国外企业竞争的显著优势。

6.2.5 西部大型企业实证检验分析

西部大部分省区经济发展较为落后,但是国家西部开发政策的实施,加快了西部省区发展的步伐。重庆市自确立为直辖市以来经济发展势头不断增强,随着东部地区部分产业转移,重庆市吸纳了更多的高技术企业汇集,企业的集聚不仅带来了经济增长,也带来了更多的技术创新投入和产出,因此从模型中新产品产值和研发费用支出指标的参数估计结果看,企业的技术创新行为对出口规模都有积极影响,只是技术创新成果的积极作用得到了统计上的支持。除此以外,新疆地区虽然大型企业较少,但是从全地区平均水平看,新产品产值的增加同样有利于提升大型企业的出口规模,技术创新对企业出口的促进作用十分显著。其他西部省区中多数大型工业企业出口额的提升都是受益于人力资本积累的增长,职工人数的增加也只对部分省区大型工业企业的出口具有积极作用。

6.3 中型企业技术创新对出口规模影响的区域分析

6.3.1 中型工业企业基本特征描述

对于中型工业企业来说,东、中、西部省区平均水平之间保持了相对稳定的差距。东部和中部中型工业企业出口强度基本保持在一个相对平稳的水平,而西部中型工业企业出口强度有所波动,但总的增长趋势不变。东部中型工业企业平均销售收入中近一半来自于出口,而中部和西部该比例相对较低。在创新行为表现上,东部区域中型工业企业 2006 年研发投入额激增,而同期新产品产值并没有出现产出高潮,而中部和西部中型工业企业在技术创新行为(投入和产出)上的增长趋势并没有东部地区那么剧烈(表 6-3)。

表6-3 东、中、西部中型工业企业特征比较

企业特征 年份	出口占销售收入比重/%			研发费用/千万元			新产品产值/十亿元		
	东部	中部	西部	东部	中部	西部	东部	中部	西部
1999	42.80	26.48	29.23				14.77	1.94	1.06
2000	44.84	27.98	28.20				18.97	1.93	1.32
2001	43.57	27.88	24.97	43.37	3.36	2.46	22.04	2.72	1.44
2002	44.63	27.67	24.81	51.14	5.06	2.95	21.57	2.66	2.00
2003	45.71	26.46	26.54	59.52	5.07	3.26	25.74	2.87	2.79
2004	45.87	29.05	26.70						
2005	46.48	28.75	29.12	88.44	16.24	4.43	48.23	7.92	3.54
2006	44.98	32.43	25.91	209.64	28.31	14.78	65.16	10.03	5.00

6.3.2 中型企业研究模型的建立与拟合结果

中型工业企业技术创新对出口规模影响的研究中,同样采用面板数据模型的研究方法,为了探讨不同省区技术创新出口影响间的差异,故采用变系数固定效应面板数据模型进行分析。在指标的筛选上,与大型工业企业的指标选取原则相同,经过模型拟合结果的比对,中型工业企业技术创新对出口规模作用的分析中,所选择指标与大型企业相同,这样也便于进行比较分析。

模型的拟合结果如表6-4所示。综合来看,随着企业规模的减小,东部省区中型企业的出口行为与技术创新行为之间的相互作用明显减弱,同时中部大部分省区中型工业企业通过研发投入改善企业的生产和经营,非技术创新能力的提升同样提高了这些省区中型工业企业的出口能力。西部省区中型工业企业技术创新对出口规模的作用较之大型工业企业有所下降,企业人力资本积累和企业规模对于西部省区的中型工业企业来讲,对其出口规模的促进作用较大。

表6-4 30省区中型工业企业出口面板数据拟合结果

(出口交货值:十亿元)

拟合结果 省区	截距	新产品产值/十亿元	职工人数/万人	人均主营业务工资/(千元/人)	研发费用/千万元
北京市	20.40	-0.26**	-1.56	2.54	0.00
天津市	-136.36	0.21*	2.70**	6.67*	-0.21
河北省	-26.02	-1.64*	0.31**	4.82*	0.24*

(续)

拟合结果 省区	截距	新产品产值/十亿元	职工人数/万人	人均主营业务工资/(千元/人)	研发费用/千万元
辽宁省	24.64	1.39	-1.08	7.51*	-0.64
上海市	-298.71	-0.09	3.40***	8.27	0.01
江苏省	-556.90	0.24	2.51**	27.43*	-0.04
浙江省	-234.64	-0.22	2.10*	4.99	0.26
福建省	-94.54	0.63	0.91***	9.28	0.07
山东省	-1078.85	3.36	9.56***	-32.69	0.16
广东省	-224.79	-0.65	1.31**	16.14	0.37
海南省	-4.42	1.00	3.91*	-0.09****	0.05
山西省	-10.81	-0.29	0.58**	1.14*	0.04
吉林省	-0.96	-1.71	-0.11	0.83****	0.69
黑龙江省	-6.56	-0.16	0.41*	0.70*	0.22
安徽省	-16.07	0.15***	0.31***	2.16	0.01
江西省	-23.52	-0.66*	1.84*	0.48**	1.61*
河南省	-16.24	-0.14	0.42*	2.16	-0.23*
湖北省	-25.65	-0.66*	0.59*	2.72*	0.12*
湖南省	-11.35	0.04	0.44*	0.95*	0.02
四川省	-11.89	-0.10	0.17	1.60*	-0.01
重庆市	-21.20	-0.09*	1.01*	1.18*	0.03*
贵州省	-2.11	-0.31*	0.27*	0.27	-0.03
云南省	-7.45	0.42*	0.39*	0.51*	0.05*
陕西省	18.94	-0.23	-0.81	-0.35	-0.03
甘肃省	-3.24	-0.80****	0.45	0.30**	-0.15
青海省	2.95	-3.21	-1.29	-0.04	-0.51
宁夏区	-5.53	0.20	-0.44	0.80****	-1.39
新疆区	-2.36	-1.63*	0.74*	0.18*	0.93*
广西区	-15.97	-0.29	0.35	1.59*	0.51*
内蒙古区	2.16	-1.89	-0.38	0.31**	-0.03
拟合优度	0.9978	F值	124358	D-W值	3.2652

91

6.3.3　东部中型企业实证检验分析

与大型工业企业相比,东部地区中型企业的技术创新对出口规模的促进作用普遍偏低,整个东部地区中,只有北京、天津和河北省的新产品产出显著影响到了企业的出口规模;但是从作用方向看,北京市和河北省的新产品产值增长对中型工业企业的出口规模具有抑制作用。由于北京市产业结构升级的实施,大量企业转入河北省,在这些企业中,中型企业占据了一定的比例,因此近年来河北省中型企业数量不断上升。从拟合结果看,河北省大型工业企业出口额还受益于新产品的生产,而对于中型工业企业来说,得到新产品之后企业反而降低了出口热情,转而发展国内市场。但是河北省中型工业企业技术创新资金的投入对出口规模的确起到了促进作用;而在大型企业的研究中,企业研发费用支出的增加对出口规模无任何影响。这样看来,河北省大型和中型企业在技术创新行为的侧重面上存在较大的差异,因此导致了企业技术创新行为对出口规模影响的差异。与大型企业相比,东部区域中,中型工业企业出口规模的扩张受职工人数增长的影响更广,且基本上随着企业规模的扩大,出口总额也都有不同程度的提升,可以判断东部省份的中型工业企业还处于规模收益递增的阶段,企业劳动力的适当增长,在提升企业生产能力的同时,也促进了企业的出口贸易。同时,河北、辽宁和江苏三省大型和中型工业企业的人力资本积累增长都会促进企业出口规模的扩张。

6.3.4　中部中型企业实证检验分析

中部 8 省区中江西、河南和湖北三个省区的中型工业企业出口与技术创新有显著的关系,但是这三个省区中型工业企业的新产品产值增长都表现出对出口规模的抑制影响,并且河南省中型工业企业研发费用支出还会降低企业的出口额度。总体上看,中部省区中型工业企业技术创新对出口规模的作用也显著低于大型企业,并且技术创新的产品生产对出口规模普遍表现出抑制作用。同时发现,基本上所有的中部省区中型工业企业的职工人数增加、人均主营业务工资增长都显著促进了企业的出口规模。因此,中部地区模型的拟合结果可以解释为,中部地区中型工业企业的出口受到创新投入活动的推动作用,但是这种推动并不是通过生产新产品而实现的,而是更多地反映在企业规模效益以及人力资本的提升和积累等非技术创新能力发展上。

6.3.5　西部中型企业实证检验分析

从西部省区中型工业企业出口行为与企业的创新行为的大致状况看,与中部地区相同,企业新产品的生产会使得企业目光放在国内市场中,而减少出口规模。但是企业为提升技术水平所投入的研发资金的积极作用,却在很多省区得到了有效的发挥。其中重庆市作为新的经济增长点,其大型工业企业出口与创新之间具有较强的联系;但是中型工业企业的出口却只与企业的研发投入有正向关系,而企业的新产品生产则具有消极作用。云南省是西部地区中唯一一个企业技术创新的投入和产出均会提升企业出口规模的省份,同时该省中型企业出口规模的扩张也受到了企业规模和人力资本存量增长的积极作用。整体来看,西部地区中型工业企业出口规模扩张受到企业人均主营业务工资提升的影响最大,其次是企业职工人员的增长,而技术创新增长对出口总额的促进作用最不明显。

6.4 小型企业技术创新对出口规模影响的区域分析

6.4.1 小型工业企业基本特征描述

我国各区域小型工业企业的出口强度都相应较高,其中东部地区小型工业企业出口强度达到近70%,而中部和西部地区小型工业企业出口强度较大型、中型工业企业来说提高很多。总体而言,单单从产品销售数额来看,小型企业对国外市场的发展要优于国内市场。在企业创新行为方面,与大型和中型工业企业不同,三个区域小型工业企业研发费用在2006年集体出现下滑,但是新产品产值却仍然增长,其中西部地区小型工业企业研发费用与新产品绝对值都远远小于东部和中部地区小型工业企业的平均水平(表6-5)。

表6-5 东、中、西部小型工业企业特征比较

企业特征 年份	出口占销售收入比重/%			研发费用/千万元			新产品产值/十亿元		
	东部	中部	西部	东部	中部	西部	东部	中部	西部
1999	69.55	60.80	55.53				4.10	0.39	0.16
2000	66.99	58.58	53.48				4.19	0.60	0.19
2001	67.30	61.31	55.78	9.28	0.53	0.25	4.53	0.78	0.25
2002	67.77	61.36	50.76	11.10	0.67	0.30	4.66	0.92	0.38
2003	69.33	58.22	53.31	13.22	0.88	0.32	5.13	0.71	0.37
2004	66.56	57.59	53.38						
2005	65.54	54.25	50.88	19.26	3.01	0.33	15.04	4.53	0.63
2006	68.69	54.03	49.62	4.70	0.66	0.15	17.35	4.49	0.74

6.4.2 小型企业研究模型的建立与拟合结果

小型工业企业的技术创新对出口规模的影响分析模型中,指标的选取原则与大型企业相同,通过将待选指标分别选入模型进行拟合,从不同模型拟合结果的优劣性对比上,最终确定能够较好提高模型优度的自变量指标,同时尽量保持不同规模工业企业拟合结果之间的可比性。指标筛选的结果显示,小型企业研究模型中,自变量指标与大型企业、中型企业相同。同时,在面板数据模型的选用上,仍然采用固定效应变系数模型预测小型企业技术创新对出口规模的影响。

小型工业企业技术创新对出口规模影响的区域层面研究,模型拟合结果如表6-6所示。与大型和中型企业相同,拟合结果的展示分东、中、西部进行区别。

表6-6 30省区中型工业企业出口面板数据拟合结果

(出口交货值:十亿元)

拟合结果 省区	截距	新产品产值/十亿元	职工人数/万人	人均主营业务工资/(千元/人)	研发费用/千万元
北京市	-2.01	0.00	0.72*	0.15	-0.04
天津市	1.51	-0.13	0.48	0.12	-0.06
河北省	-2.39	-0.69*	0.71*	0.42*	0.08**
辽宁省	-0.98	0.38***	1.25*	-0.28	-0.21***
上海市	-10.73	0.02	1.01*	0.57*	0.06*
江苏省	5.35	-1.13	0.51	1.04	0.04
浙江省	-137.67	-0.15	0.51	15.73	0.10
福建省	-12.71	-0.36*	0.79*	1.29*	0.09*
山东省	-8.59	0.09**	0.92*	0.67*	-0.06*
广东省	-2.52	0.07	0.81*	0.32	-0.01
海南省	0.12	0.57	0.38***	-0.01	-0.18
山西省	-0.05	0.10	0.40***	0.00	0.18****
吉林省	-0.28	-0.17*	0.39*	0.08*	-0.10*
黑龙江省	0.13	0.55	1.29	-0.08	0.42
安徽省	-0.66	-0.21	0.13	0.41***	0.07
江西省	-0.72	0.47****	0.96*	-0.05	0.15
河南省	0.02	-0.13**	0.30*	0.13**	-0.09***

(续)

省区\拟合结果	截距	新产品产值/十亿元	职工人数/万人	人均主营业务工资/(千元/人)	研发费用/千万元
湖北省	0.39	-0.13***	0.26***	0.12*	-0.26
湖南省	-0.40	-0.20*	0.45*	0.08*	0.08*
四川省	-0.34	0.10	0.52	0.05	-0.19
重庆市	0.51	0.15	0.25*	-0.01	-0.49*
贵州省	-0.68	0.26	0.70	0.06	0.28
云南省	0.25	-0.25***	0.22	0.02	-0.26
陕西省	-0.02	-0.37****	0.14	0.04***	-0.07
甘肃省	-0.65	-0.38**	4.57***	-0.07	-1.01***
青海省	-0.03	0.11*	1.02*	0.00	0.02
宁夏区	-0.04	-2.75*	0.40*	0.01	-0.86*
新疆区	0.22	0.40	1.88*	-0.03**	-0.64
广西区	1.02	0.22*	0.15***	-0.01	-0.51*
内蒙古区	0.12	-0.26	0.33	0.01	-0.16
拟合优度	0.9990	F值	1868.43	D-W值	2.6485

总体来看，小型企业由于规模的限制，在抵御风险和创新能力上与大型和中型企业存在一定的差异。因此在企业生存途径的选择上，小型企业的创新意识并不如大型和中型企业那么强烈，它们更多地依靠劳动力的增长来增加生产，而研发资金的投入会带来成本增加，不利于它们的出口。新产品是获得利润的最好方式，但是国外市场的高风险使得这些小型企业望而却步，不如在国内市场平稳发展。这一点在东、中、西部地区具有共性。

6.4.3 东部小型企业实证检验分析

从一致性上看，东部省区小型工业企业出口规模的扩张受到企业劳动力数量扩张的影响最大，其次是企业人力资本积累，即人均主营业务工资水平上升的促进作用。而企业的技术创新行为对出口规模的影响在各个省区之间的差异较为明显。山东和辽宁两省企业出口规模均受到新产品产值的积极作用，但是研发费用支出却同时抑制了这两省企业的出口规模扩张。山东和辽宁是沿海的出口贸易大省，新产品的出现确实推动了其出口竞争力，但是研发经费使用的效果却并不令人满意。相反，河北和福建两省在出口贸易竞争力上与山东和辽宁省差距较大，但是这两个省区小型企业在创新上的经费投入却能够显著促进企业的出口规模,而新产品生产却使得企业放弃出口策略。因此就东部地区而言,传统的出口大省小型企业重视的是创新成果的获取,而处于追赶型省区的小型企业则更多地依靠自身的研发来提升竞争力,但是一旦自主创新产生成果之后,这些追赶省区的小型企业却往往更多地关注国内市场。

6.4.4　中部小型企业实证检验分析

与东部省区大致相似,中部地区小型企业出口总额的增长普遍受益于企业劳动力数量(职工人数)和质量(人均主营业务工资)的提升。在技术创新的作用分析时,较多省区企业新产品产值的增加对出口总额具有消极作用,而也只有少数省区企业的研发资金投入能够促进企业出口总量的增长。其中河南、湖北和湖南省小型企业在获得更多的新产品后,出口总额会降低。在研发资金的作用表现中,河南省小型企业研发资金的投入抑制企业出口的增长,湖南省小型企业研发资金的使用却能够提升企业出口规模。这样看来,在中部省区中,河南省小型企业总体上还属于较为传统的出口模式,而湖南等一些省区已经不再局限于劳动密集型产品的静态比较优势,而致力于产品技术水平提升等动态比较优势的获得。

6.4.5　西部小型企业实证检验分析

西部省区中,小型工业企业的创新成果,即新产品产出对出口的作用较为显著,11个西部省区中有7个省区小型企业的新产品生产显著影响到了企业的出口总额,但是只有重庆市、青海省和广西壮族自治区小型企业新产品生产促进了企业出口规模的扩大。在创新的资金投入估计中,只有四个省区小型企业研发费用支出对出口规模有显著效应,并且均是消极作用。总体而言,西部省区与中部省区相比,小型企业在出口贸易的比较优势选择上更加落后一些,企业的技术创新并没有取得应有的效果,由于企业追逐利润的本质,这些小型企业会选择放弃研发投入,减少成本,在获得新产品后会选择有更大盈利空间的国内市场进行发展。

6.5　本章小结

本章在对1999－2006年所有工业企业规模(大型、中型和小型)分类描述的基础上,通过对企业数据进行年度(2001－2006年)和省份(大型企业为29个省区,中型和小型企业为30个省区)的交叉汇总,形成面板数据,并采用固定效应变斜率模型,分析不同规模企业中各省区工业企业技术创新行为与出口行为的特点和区域差异,并就技术创新对出口规模的影响进行研究。

按照我国行政区域划分特点,东、中、西部大型工业企业在出口行为上表现出相同的特点,即企业出口贸易额在整个产品销售收入中比重偏低,尤其是中部和西部地区的大型工业企业出口强度相对更低。东、中、西部大型工业企业在技术创新的投入,以及产出总量上相对较大,其中东部地区企业的研发投入,以及新产品产值均是中、西部地区的数倍,但是各个省区大型工业企业技术创新对企业出口行为的作用却有很大差异。总体来看,东部一些出口大省大型工业企业的技术创新并没有显著促进企业的出口规模,而相反中、西部部分省区近年来却加强了创新能力的建设,其创新的投入或产出对企业出口额的增加显示出一定的促进作用。

在出口强度、创新的投入和产出方面,东、中、西部中型工业企业保持着较为稳定的差距而持续增长,并且各区域中型工业企业出口强度均高于大型工业企业,同时中型工业企业技术创新对企业出口规模的作用也有所改变。总体来看,技术创新对中型工业企业出口的促进作用有所减弱,其中一部分出口大省中型工业企业新产品生产不但不会推动企业出口,反而使得企业转向国内市场进一步的发展,这种现象在中、西部中型工业企业中表现明显,合理的解释为企业由于实力的限制和追求利益的动机,必定会选择利润最高、风险最小的国内市场进行发展,这也是企业规模对企业出口总量的影响体现。

我国各个区域小型工业企业都具有较大的出口强度,东、中、西部小型工业企业销售收入中一半多来自于出口产品销售,同时虽然小型工业企业创新能力较大型、中型工业企业较弱,但是其追赶的势头十分明显。在企业技术创新对出口贸易总额的作用表现上,多数省区小型工业企业的新产品产出具有抑制企业出口扩大的作用,而同时企业的研发投入对出口也没有显著的促进作用。总体上看,我国小型工业企业出口在结构上还存在较大的弊端,出口产品等级低,劳动密集型产品多等特点使得小型企业对技术创新的依赖程度并不深,这样当企业具有新产品之后,综合考虑各方的利益关系,往往最终会选择在国内市场寻求利润。

第7章 技术创新对出口影响的效率研究

第6章的分析已经证实,不同省区不同规模工业企业技术创新对出口规模的影响存在较大差异,那么各省区工业企业技术创新对出口规模影响的效率是否也存在差异呢？数据包络分析方法为解决该问题提供了可能。本章仍以工业企业的省域特征为基础,采用 Sup – CCR – DEA 分析方法测算不同省区工业企业技术创新的出口影响效率,并在省区之间进行排名。除此之外,为了了解影响各省区效率变动的原因所在,本章采用 Malmquist 指数思想与 DEA 方法的联合应用,分解出 2001 – 2006 年影响各省区工业企业技术创新的出口效率的变动的因素。

7.1 效率问题的提出及应用

7.1.1 企业技术创新对出口作用效率问题的提出

我国企业技术创新对出口贸易作用的相关研究中,大部分学者关注的是这种作用是否显著,以及作用的方向和强度大小,这固然很重要,但是从中国经济的实际发展历程看,效率低下一直是困扰其经济发展的瓶颈所在。以创新生产过程为例,中国每年的研发费用投资额基本上都处于世界前列,虽然也取得了很大的创新成果,但是与世界上一些国家,尤其是与印度相比,我国等值的创新投入资源所获得的效果却不及印度。效率问题在我国经济发展过程中时有体现,那么在企业技术创新对出口贸易的作用过程中,是否也存在着效率的损失,非常值得关注。近年来,在国家自主创新发展政策的激励下,全国各省区政府和实业界都加大创新资源的投入力度,那么以这种大量的创新投资和建设为起点,通过创新生产,到对企业出口行为造成影响为止的这样一个经济过程中,各省区的效率是否均衡,造成不均衡的因素又是什么,这些问题的深入研究,对全面剖析技术创新对出口行为的影响具有关键作用。

在本研究的总体思路中,一直认为企业从开始进行创新资源的投入,到最终在出口贸易行为上产生影响这一过程,可以从两个方面来考虑:第一种考虑角度又可具体分为两个阶段,第一阶段是技术创新过程,即从创新资源的投入到产生实体成果,即新产品这一阶段,该阶段主要体现了知识的生产,这是整个研究过程的基础。第二阶段是创新产出成果对企业出口贸易的直接作用阶段,该阶段主要体现了企业在应用新产品来促进出口贸易的过程中效率的损失和变化状况。第二种考虑角度主要反映企业的创新投入对出口行为的综合作用过程,这一过程中,不仅包括了创新生产中所产生的创新产品对企业出口的作用,还包括由于创新资源投入而对企业的经营、管理等非技术创新方面所带来的影响。因此,在企业技术创新对出口行为作用的效率研究中,遵循这样一种研究路线,分层级地对效率进行测算和分解,能够更加深刻地挖掘效率问题。

7.1.2 效率问题的研究应用

当前,对经济行为或非经济行为效率的评价方法有很多,较为常用的有指标体系法、模型法和非参数分析方法等,其中数据包络分析方法(Data Envelopment Analysis,DEA)是非参数分析方法用于效率评价的最优方法之一。DEA方法利用线性规划的方法,根据多项投入指标和多项产出指标,对具有可比性的同类型决策单元进行相对有效性评价,开创了运筹学、管理科学与数理经济学的一个新领域。该方法摆脱了模型参数的限制,紧紧依靠数据信息,因此在处理多投入/多产出指标的效率评价方法上十分具有优势。

DEA分析方法最早在1978年由美国著名运筹学家A. Charnes和W. W. Cooper提出,随后各国学者不断对其进行改进和延伸,并将其运用到众多领域:技术进步、创新、生产力评价;成本、收益和利润问题研究;资源配置问题研究;金融投资问题研究;非生产领域问题研究;灵敏度分析等。1988年,魏权龄教授将DEA分析方法引入我国,从此我国学者也开始了DEA分析方法的研究与应用过程。目前国内外利用DEA相关方法进行的研究较多,但是涉及企业的技术创新对出口贸易作用的效用研究相对较少。

本章第一部分的研究依据超效率CCR - DEA分析方法(Sup - CCR - DEA)的基本原理,对我国30个省区的技术创新对企业出口行为影响的效用进行评价和排序。目前国内学者的研究主要集中于根据我国自主创新现状对技术创新的效率评价,余东华、王青(2010)利用1998 - 2007年的省域面板数据,构造自主创新的投入和产出指标体系,并应用CCR - DEA分析方法对2007年我国工业企业的自主创新效率进行了评价和分析,研究发现科技人员冗余、新产品开发不受重视、生产设备利用率低等问题严重影响了我国工业企业自主创新的效率[1]。在创新效率领域的研究相对较多,而将创新领域与国际贸易领域相结合进行效率的评价研究则较少,本书即是在多数学者对创新效率分析的基础上进行扩展,将这一生产过程延伸到国际贸易领域,从而探讨这两个阶段的效率以及它们之间的关系。

第二部分研究利用 DEA 方法与 Malmquist 指数思想的结合应用,将各省区 2001－2006 年间"创新资源—企业出口"过程生产率变化进行分解分析,探讨不同影响因素的变化和作用,这一部分研究主要借鉴 Kumar 和 Russell(2002)的研究,他们通过对数据包络分析(DEA)方法和 Malmquist 指数思想的结合应用,把 1965－1990 年间 57 国的劳动生产率的增长分解为三个部分:技术进步,技术效率和资本深化,并探讨不同因素对劳动生产率发展的影响。在 Kumar 和 Russell 的方法中,技术进步反映了不同时期生产前沿面,即技术水平的推进,技术效率反映了决策单元当前的生产水平与生产前沿面的差距,而资本深化反映了在同一生产前沿面上由于资本投入的改变而发生的产出变化。在我国 DEA 方法和 Malmquist 指数思想的结合应用也较为广泛,李平、随洪光(2008)利用 DEA 方法与 Malmquist 指数思想的结合应用,以专利申请作为产出,以科技活动经费和研发人员作为投入变量,测算我国原始创新、集成创新、消化吸收再创新在技术进步中的作用,并以此为基础进行状态空间模型分析[2]。该部分研究也是利用 DEA 方法和 Malmquist 指数思想的结合,对"创新资源—企业出口"这一过程的生产率变化进行测算和分解,并判断走势以及探讨各省区之间的差异。

7.2 研究方法

7.2.1 CCR－DEA 方法

DEA 方法是一种较优的非参数评价方法,这种方法最早是由 Charnes、Cooper 和 Rhodes 提出的,1978 年这三人创造了 CCR－DEA 模型,该模型便是 DEA 分析方法的基础,其后所延伸出的各种 DEA 模型基本上都是以 CCR－DEA 为基础的。CCR－DEA 模型是以多投入/多产出为基础,利用线性规划技

---

[1] 余东华、王青,"国有工业企业自主创新效率变化及影响因素——基于 1998－2007 年省域面板数据的 DEA 分析",《山西财经大学学报》,2010 年第 1 期,94－101 页。

[2] 李平、随洪光,"三种自主创新能力与技术进步——基于 DEA 方法的经验分析",《世界经济》,2008 年第 2 期,74－83 页。

术,对所有决策单元进行效率评价的方法。该方法的数学表达式如下①:

在 DEA 分析方法中,决策单元记为 DMU,第 i 个决策单元即为 DMU_i,每个决策单元都有 m 种投入和 n 种产出,用 X_{ij} 表示第 i 个决策单元的第 j 种投入,Y_{ik} 表示第 i 个决策单元的第 k 种产出。因此所有决策单元的投入和产出就可以分别表示为

$$\boldsymbol{X}_i = (X_{i1}, X_{i2}, \cdots, X_{im})^T, \boldsymbol{Y}_i = (Y_{i1}, Y_{i2}, \cdots, Y_{in})^T \quad (i = 1, 2, \cdots, l)$$

每种投入和产出变量的权重向量分别表示如下:

$$\boldsymbol{\nu} = (\nu_1, \nu_2, \cdots, \nu_m)^T, \boldsymbol{\mu} = (\mu_1, \mu_2, \cdots, \mu_n)^T$$

则第 i 个决策单元的效率就可以表示为

$$E_i = \frac{\boldsymbol{\mu}^T \boldsymbol{Y}_i}{\boldsymbol{\nu}^T \boldsymbol{X}_i} \tag{1}$$

这时可选取适当的投入和产出权重向量,使得决策单元的效率值小于等于 1,即 $E_i \leq 1$。

在上述基本模型的基础上,CCR – DEA 模型假定第 i_0 个决策单元的投入产出为 (x_0, y_0),对第 i_0 个决策单元的效率评价方法为

$$\begin{cases} \text{Max} \quad E_0 = \dfrac{\boldsymbol{\mu}^T \boldsymbol{Y}_0}{\boldsymbol{\nu}^T \boldsymbol{X}_0} \\ \text{s. t} \quad \dfrac{\boldsymbol{\mu}^T \boldsymbol{Y}_i}{\boldsymbol{\nu}^T \boldsymbol{X}_i} \leq 1, i = 1, 2, \cdots, n \\ \mu \geq 0, \nu \geq 0 \end{cases} \tag{2}$$

将式(2)转变成线性规划形式:

$$\begin{cases} \text{Max} \quad \boldsymbol{\omega}^T \boldsymbol{Y}_0 \\ \text{s. t.} \quad \boldsymbol{\eta}^T \boldsymbol{X}_j \geq \boldsymbol{\omega}^T \boldsymbol{Y}_j, j = 1, 2, \cdots, n \\ \boldsymbol{\eta}^T \boldsymbol{X}_0 = 1, \omega \geq 0, \eta \geq 0 \end{cases} \tag{3}$$

式(3)所表示的线性规划的对偶问题是

$$\begin{cases} \text{Min} \theta \\ \text{s. t.} \sum_{i=1}^n X_i \lambda_i \leq \theta X_0, \sum_{i=1}^n Y_i \lambda_i \geq Y_0, \lambda_i \geq 0, i = 1, 2, \cdots, n \end{cases} \tag{4}$$

7.2.2 超效率 CCR – DEA 模型

在对由多个决策单元组成的生产可能性集进行效率评价时,CCR – DEA 模

---

① 匡海波,"基于超效率 CCR—DEA 的中国港口上市公司成本效率评价研究",《中国管理科学》,2007 年第 3 期,142 – 148 页。

型能够对每一个决策单元计算出一个效率值,但是对于达到有效的决策单元,即效率值为 1 的决策单元间的效率却无法进行排序和比较。超效率 CCR – DEA 模型(Super – Efficiency CCR – DEA)可以解决有效决策单元之间的排序问题。

Sup – CCR – DEA 的模型如下[①]:

$$\begin{cases} \text{Min}\theta^{\sup} \\ \text{s. t.} \sum_{\substack{i=1 \\ i \neq 0}}^{n} X_i \lambda_i \leqslant \theta^{\sup} X_0 \\ \sum_{\substack{i=1 \\ i \neq 0}}^{n} Y_i \lambda_i \geqslant Y_0, \lambda_i \geqslant 0, i = 1, 2, \cdots, n \end{cases} \quad (5)$$

Sup – CCR – DEA 模型在对第 i 个决策单元进行效率评价时,并不是直接对第 i 个单元的投入产出指标进行计算,而是将第 i 个决策单元的投入和产出用其他所有决策单元投入产出的线性组合来替代。对于未达到有效的决策单元来说,Sup – CCR – DEA 模型与 CCR – DEA 模型的效率值计算结果是一样的,对于已经达到有效的决策单元来讲,Sup – CCR – DEA 模型的计算结果会大于 1,这表示该决策单元的投入即使再增加(E_i – 1)个单位,在整个生产可能性集中,仍能保持相对有效。

7.2.3 Malmquist 方法与 DEA 方法的结合

1995 年 Fare 使用 Malmquist 指数方法与 DEA 方法相结合,对全要素生产率进行了拆解。自此之后,很多学者将 Malmquist 指数方法与 DEA 方法结合,用于对生产率的分解研究。Malmquist 指数分析方法运用定向输入和输出方法定义距离函数,对各个决策单元的效率变动进行评估[②]。

假设第 i 个决策单元 DMU_i 在第 t 期的投入和产出向量分别为

$$X_{it} = (X_{it1}, X_{it2}, \cdots, X_{itm}), Y_{it} = (Y_{it1}, Y_{it2}, \cdots, Y_{itn}), i = 1, 2, \cdots, z$$

Z 个决策单元的投入产出集合为 (X_t, Y_t),且投入 X_t 决定着产出 Y_t 的水平,即 $y_i(x_i)$。另外,用 e_{it} 表示第 t 期第 i 个决策单元的效率值,用 e_{it+1} 表示第 $t+1$ 期第 i 个决策单元的效率值,那么 $\overline{Y}_{it}(x_{it}) = \dfrac{y_{it}}{e_{it}}$ 则表示第 i 个决策单元第 t 期的

[①] 匡海波,"基于超效率 CCR—DEA 的中国港口上市公司成本效率评价研究",《中国管理科学》,2007 年第 3 期,142 – 148 页。

[②] 余东华、王青,国有工业企业自主创新效率变化及影响因素——基于 1998 – 2007 省域面板数据的 DEA 分析。

潜在产出能力,而 $\overline{Y}_{it+1}(x_{it+1}) = \frac{y_{it+1}}{e_{it+1}}$ 则表示第 i 个决策单元第 $t+1$ 期的潜在产出能力,因此第 i 个决策单元两期的产出能力之比为

$$\begin{aligned}
\frac{y_{it+1}}{y_{it}} = \text{TFP} &= \frac{e_{it+1} \times \overline{y}_{it+1}(x_{it+1})}{e_{it} \times \overline{y}_{it}(x_{it})} = \frac{e_{it+1}}{e_{it}} \times \frac{\overline{y}_{it+1}(x_{it+1})}{\overline{y}_{it}(x_{it+1})} \times \frac{\overline{y}_{it}(x_{it+1})}{\overline{y}_{it}(x_{it})} \\
&= \frac{e_{it+1}}{e_{it}} \times \frac{\overline{y}_{it+1}(x_{it})}{\overline{y}_{it}(x_{it})} \times \frac{\overline{y}_{it+1}(x_{it+1})}{\overline{y}_{it+1}(x_{it})} \\
&= \frac{e_{it+1}}{e_{it}} \times \left(\frac{\overline{y}_{it+1}(x_{it+1})}{\overline{y}_{it}(x_{it+1})} \times \frac{\overline{y}_{it}(x_{it+1})}{\overline{y}_{it}(x_{it})} \right)^{1/2} \times \left(\frac{\overline{y}_{it+1}(x_{it})}{\overline{y}_{it}(x_{it})} \times \frac{\overline{y}_{it+1}(x_{it})}{\overline{y}_{it+1}(x_{it})} \right)^{1/2}
\end{aligned} \tag{6}$$

$= \text{Pech} \times \text{Tech} \times \text{Sech} = \text{Tech} \times \text{Effch}$

其中,TFP(Total factor productivity)表示整体生产率的变化,若 TFP>1,则表示决策单元后一期生产率有所提高。

Tech(Technical Change)用来衡量决策单元后一期与前一期相比是否有技术进步,主要是通过生产前沿面的移动来衡量,如果 Tech>1,则代表决策单元后一期生产存在着技术进步,生产前沿面向前移动。

Pech(Pure Efficiency Change)代表纯生产效率变动,即决策单元在技术和规模不变的情况下,决策单元向生产前沿面的移动,也就是靠近生产前沿面的程度,也称为"追赶效应"或是"水平效应"。若 Pech>1,则表示决策单元在后一期生产相对效率有所提高。

Sech(Scale of Efficiency Change)又称为"规模效应",是指在相同的技术水平下,决策单元两个时期的规模收益变化情况,若 Sech>1,则表示决策单元后一期规模收益递增。

Effch(Efficiency Change)在数值上为纯生产效率变动与规模效应变动的乘积,它反映的是综合效率变动情况,若 Effch>1,则表示综合效率有所提升。

7.3 工业企业技术创新对出口作用的省域效率评价

7.3.1 投入产出指标确定

第 2 章中描述了企业的创新行为对出口贸易作用的两条途径:①企业的创新投入通过转化为新产品等形式的创新产出作用于企业的出口;②企业的创新投入不仅通过创新产品对出口行为造成影响,还可以通过影响到企业的经营管理等非技术因素,从而对企业出口行为产生影响。本部分研究即要对这两条路

径的作用效率进行评价,通过 DEA 的评价方法,在 2006 年我国 30[①] 个省区组成的可能性集中,对每个省区的作用效率进行评价,该评价只针对于投入产出的效率而言,并非检验各省区投入对产出的作用程度。

按照本书对企业创新的出口作用途径的理解,在对各省区企业创新的出口影响效率评价时,从 3 个方面构建完整的效率评价指标体系(表 7-1)。其中选用 4 个指标反映各省区的创新投入因素,这 4 个指标从资金和人员两个生产要素角度反映省区的创新资源投入的总量以及结构状况;创新产出因素的衡量指标共有 5 个,这 5 个指标基本上囊括了创新产出的各个方面,并且从实体和知识产品、产业以及市场 3 个层次对各省区创新投入的总量以及结构进行衡量;在各省区出口行为要素的衡量部分,3 个指标分别反映了出口总规模、出口强度以及出口的高端化水平。

表 7-1 效率评价指标体系

因素	指标	解释力
创新投入	规模以上工业企业研发费用	从资金和人员两个角度衡量创新资源的投入总量和结构状况
	全省研发费用占 GDP 比重	
	万名人口科技活动人员数	
	研发人员人数	
创新产出	新产品产值	从产品、产业和市场 3 个层次考察创新产出的总量和结构状况
	技术市场成交合同金额	
	专利申请受理量	
	高技术产业规模以上工业企业增加值	
	规模以上工业企业增加值中高技术产业份额	
出口行为	规模以上工业企业出口交货值	既反映企业出口产品总体状况,也反映出口产品的高端化水平
	规模以上工业企业出口交货值占产品销售收入比重	
	高技术产品出口额	

该部分研究共包括 3 个效率评价部分,第一部分是对各省区创新效率进行评价,创新投入因素指标衡量投入,创新产出因素指标衡量产出;第二部分是对各省区创新产出对出口行为作用的效率评价,以创新产出因素指代投入,以出口行为因素指标指代产出;第三部分是对各省区创新投入对出口行为作用的效率评价,以创新投入因素指标表示投入,以出口行为因素指标表示产出。

本部分所使用的数据来自于国家统计局工交司的规模以上工业企业调查

---

① 由于西藏自治区数据缺失严重,效率评价中不再加入西藏自治区。

数据,以及国家科技部网站公布的各年科技数据。采用超效率CCR-DEA模型对我国30个省区2006年创新对出口作用效率进行评价。

7.3.2 创新对企业出口作用的省域效率评价

我国30个省区创新能力对企业出口的影响的三部分效率分析结果显示,在30个省区组成的可能性集合中,均有多个省区达到了效率最优。

创新效率评价中,达到1的相对效率值的省区最多,共有11个,在超效率CCR-DEA模型的处理下,分别给出了11个省区的不同相对效率值和各省区的创新效率排名。海南省虽然在创新的投入和产出总量上相对较弱,但是从使用效率的角度来看,即使海南省再投入17.21倍的创新资源,也还是能够达到相对的创新效率最优。另外,北京、广东、天津的相对创新效率值也较高。从总体情况看,东部省区的创新效率相对较高,而西部地区大部分省区都没有达到创新资源的有效利用。

在创新产出对企业出口作用的效率评价中,出现了比较极端的现象,东部部分省区,如上海、浙江、江苏、广东仍然保持着创新产出对企业出口的相对有效,但同时一些西部省区,如新疆、宁夏、青海等在利用创新产出作用企业出口行为时,也表现出了较高的效率,即这部分西部省区的创新产出还可以进一步增加,而创新产出资源的增加并不会影响到作用的发挥效率。同时,长三角区域的省区也可以继续加大创新的产出力度,它们对企业出口的促进作用还有较大的上升空间。

创新资源的投入对企业出口行为的作用过程较为复杂,在这种复杂的作用过程中,很多的决策单元都出现了不同程度的效率损失,因此在创新投入与出口之间作用的效率评价中,达到有效的省区只有海南、广东和江苏省,广东和江苏两省聚集了大量的出口企业,通过前几章的分析可知,这两个省区的出口企业以小型企业为主,这些小型企业的创新能力建设相对较弱,但是其出口额却非常可观。因此在以创新投入为投入变量,以出口状况为产出变量的效率评价中,这两个省区呈现出最优(表7-2),但是这也从另一个方面显示出我国出口较大的省区在创新的投入力度上还需要进一步加强。

表7-2 各省区创新行为对企业出口作用的效率评价结果

决策单元DMU	创新投入—创新产出		创新产出—出口		创新投入—出口	
	效率值	排名	效率值	排名	效率值	排名
北京	2.99	2	0.51	19	0.34	17
天津	2.08	4	0.91	14	0.72	8

(续)

决策单元 DMU	创新投入—创新产出 效率值	排名	创新产出—出口 效率值	排名	创新投入—出口 效率值	排名
河北	0.46	28	0.67	17	0.37	15
山西	0.28	30	1.10	12	0.21	26
内蒙古	1.29	8	1.58	6	0.85	5
辽宁	1.04	11	0.77	15	0.64	9
吉林	0.60	23	0.17	29	0.10	29
黑龙江	0.55	25	0.14	30	0.07	30
上海	1.42	6	1.17	10	0.77	7
江苏	0.99	12	1.18	9	1.10	3
浙江	1.20	10	2.35	3	0.84	6
安徽	0.60	24	0.65	18	0.47	13
福建	0.76	19	1.59	5	0.91	4
江西	0.72	21	0.51	20	0.61	10
山东	0.81	16	0.99	13	0.48	12
河南	0.95	14	0.43	22	0.32	18
湖北	1.27	9	0.24	26	0.26	23
湖南	0.80	17	0.39	24	0.36	16
广东	2.29	3	1.21	8	2.55	2
广西	0.99	13	1.13	11	0.58	11
海南	18.21	1	11.21	1	12.00	1
重庆	0.82	15	0.30	25	0.24	24
四川	0.77	18	0.18	27	0.23	25
贵州	1.51	5	0.76	16	0.42	14
云南	0.54	26	0.40	23	0.31	20
陕西	0.66	22	0.18	28	0.14	28
甘肃	0.76	20	0.44	21	0.20	27
青海	0.48	27	1.35	7	0.31	19
宁夏	0.44	29	1.93	4	0.29	21
新疆	1.39	7	3.28	2	0.29	22

7.4 工业企业技术创新对出口效用因素分解的省域分析

7.4.1 指标确定

企业创新资源(包括创新投入和产出资源)的投入和出口行为可以看做是一个"投入—产出"的生产过程,因此根据 Malmquist 指数与 DEA 模型相结合的原理,将"创新资源—出口"这一过程中的全要素生产率(TFP)分解为技术进步(Tech)、纯效率变动(Pech)和规模收益效率变动(Sech)。从前述的分析中可知,对于不同程度和阶段的创新资源,其对企业出口的作用效率也会有所不同,因此该部分研究选择两条路径探讨"创新资源—出口"作用过程的因素分解。

第一条路径是"创新投入资源—出口"的作用过程,主要探讨创新过程中所投入的人力和资金对企业出口的作用。通常而言创新投入资源不仅会通过技术创新生产过程对企业出口行为产生作用,而且还可通过非技术创新途径作用于企业的出口。该作用过程中投入变量包括创新的资金和人力投入:全省域研发人员数、全省研发资金投入总金额;产出变量有规模以上工业企业出口交货值、高技术产品出口额。

第二条路径是"创新产出资源—出口"的作用过程,主要探讨创新过程中所形成的产品对企业出口的作用,因此该作用过程中投入变量[1]有技术市场成交合同金额、专利申请受理量、高技术产业规模以上工业企业增加值;产出变量有规模以上工业企业出口交货值、高技术产品出口额。

该部分研究以由我国 30 个省区 2001 – 2006 年创新与出口相关指标数据组成的面板数据为基础,将 Malmquist 指数思想与 DEA 模型相结合,对"创新—出口"效用过程进行因素分解,所使用数据中规模以上工业企业出口交货值来自国家统计局工交司规模以上工业企业调查数据,各省区的研发人员数、研发资金投入总金额、技术市场成交合同额、专利申请受理量,以及高技术产品出口额 5 个指标数据均来自国家科技部网站上公布的各年科技数据。

7.4.2 Malmquist 指数分解结果分析

"创新投入资源—出口"这一过程中,创新人力和资金的投入对企业出口都会产生作用,对这个生产过程进行因素分解可知,从全国 30 个省域的平均水平

---

[1] 此处并未采用新产品产值变量,因为 2004 年并没有进行企业新产品产值的调查,故数据缺失。

看,该生产过程的全要素生产率(TFP)大于1,即全国各省域2001-2006年平均生产率是上升的,这也反映了整体上创新投入提升了企业的出口生产率。从各省区的全要素生产率变动情况看,有12个省份的"创新投入—出口"过程生产率出现了下降,其中天津、浙江、山东和广东这4个出口大省的5年生产率平均水平低于1,即这4个省区创新产出对企业出口呈现一定程度的生产率下滑;在技术进步水平(Tech)的测量中,全国30个省区5年间都取得了不同程度的技术进步,可见2001-2006年的发展过程中,全国的生产前沿面在不断前移,而各省区也在不断地向更高的技术水平靠近;在生产规模收益和技术水平保持不变的前提下,全国省域的平均纯生产效率(Pech)出现了小幅度的下降,即从全国的视角看,各时期决策单元并没有向生产前沿面靠近,而是更加远离它。从各省区的纯生产效率变动看,一半的省区出现了不同程度的生产效率损失,浙江、山东与广东三省的纯生产效率也出现了下降。同时对比发现,凡是全要素生产率年均下降的省区,其纯生产效率也都出现了下降的趋势,由此可以大胆推测,这些省区"创新投入资源—出口"过程中全要素生产率的下降,主要是由于纯生产效率的下降引起的;在规模收益(Sech)变动的测量中,全国省域平均规模收益无任何变化趋势,分省域看,东、中部大部分省区的规模收益是递减的,但东、中、西部仍有部分省区实现了规模收益的递增,即这些省区还可以继续增加创新人力和资金的投入,在到达极值之前,都是可以促进企业出口增长的。

创新产出资源的投入所带来的企业出口的变化过程更为直接一些,学者的研究普遍认为企业新产品[①]的出现会显著作用于企业的出口行为,通过DEA方法对30个省区这一过程的全要素生产率进行测算和分解(表7-3),可以发现:从全国各省域的平均水平看,5年间不仅全要素生产率实现了增长,而且3个分解项都大于等于1,即我国"创新产出资源—出口"这一生产过程实现了技术进步、纯生产效率提升以及规模收益的基本持平。在全要素生产率的测算中,湖北、海南和重庆三省域在"创新产出资源—出口"过程实现了生产率提升,但是在"创新投入资源—出口"过程其生产率却是下降的,因此可以推断这3个省区的创新过程("创新投入资源—创新产出资源")是存在一定的生产率损失的;同样对技术水平的衡量中,各个省域"创新产出—出口"生产过程的生产前沿面随着时间的跨越在不断前进,且两个生产过程技术进步水平测度值之间差异并不显著;在纯生产效率的测算中,共有15个省域在生产规模和技术不变的情况

---

① 此处的新产品是广义的新产品概念,包括新的实物产品以及新的理念等意识形态产品。

下,生产效率下降,这些省域中还包括浙江、山东、广东3个出口大省,这些省区虽然在创新产出和出口水平上占据一定优势,但是从"追赶效应"上看与很多省区差距显著;同样在规模收益变动测量中,12个省域分别出现规模收益递增或递减趋势,另外还有6个省域5年间平均规模收益不变,并且规模收益递增的多是经济发展程度较弱的省区,因此加大创新产出产品的投入,会更大程度地提升这些省区企业出口的规模。

表7-3 各省区"创新—出口"过程因素分解结果

分解结果 省区	创新投入资源—出口				创新产出资源—出口			
	TFPch	Tech	Pech	Sech	TFPch	Tech	Pech	Sech
北京	2.16	1.38	1.54	1.01	1.66	1.28	1.29	1.00
天津	0.80	1.17	0.70	0.98	1.01	1.26	0.81	0.99
河北	1.02	1.06	1.00	0.97	1.17	1.10	1.06	1.01
山西	1.04	1.06	1.03	0.95	0.88	1.08	0.81	1.01
内蒙古	1.07	1.06	0.89	1.14	1.45	1.11	1.23	1.07
辽宁	0.74	1.14	0.73	0.89	0.76	1.13	0.72	0.94
吉林	0.87	1.08	0.84	0.96	1.06	1.12	0.97	0.97
黑龙江	2.01	1.21	1.57	1.06	1.80	1.21	1.43	1.04
上海	1.40	1.30	1.08	1.00	1.29	1.22	1.05	1.00
江苏	1.16	1.14	1.01	1.00	1.18	1.18	1.00	1.00
浙江	0.64	1.09	0.62	0.95	0.88	1.07	0.84	0.99
安徽	1.63	1.07	1.47	1.04	1.32	1.10	1.17	1.03
福建	0.62	1.09	0.62	0.92	0.77	1.08	0.74	0.97
江西	1.34	1.06	1.13	1.12	1.58	1.07	1.36	1.09
山东	0.87	1.07	0.83	0.98	0.96	1.08	0.90	0.99
河南	0.99	1.06	0.93	1.00	1.06	1.08	0.97	1.01
湖北	1.11	1.07	1.06	0.98	1.11	1.08	1.04	1.00
湖南	2.15	1.18	1.72	1.06	1.63	1.14	1.40	1.02
广东	0.74	1.15	0.71	0.91	0.82	1.10	0.77	0.97
广西	1.32	1.18	1.39	0.81	1.22	1.16	1.28	0.82
海南	0.79	1.08	0.59	1.24	1.21	1.10	0.90	1.22
重庆	0.83	1.08	0.74	1.04	1.01	1.12	0.87	1.03
四川	1.42	1.14	1.42	0.88	1.42	1.03	1.69	0.81
贵州	0.98	1.08	0.87	1.04	0.79	1.04	0.81	0.94

(续)

分解结果 省区	创新投入资源—出口				创新产出资源—出口			
	TFPch	Tech	Pech	Sech	TFPch	Tech	Pech	Sech
云南	0.70	1.17	0.61	0.98	0.93	1.17	0.81	0.98
陕西	1.28	1.09	1.32	0.89	1.32	1.10	1.19	1.02
甘肃	1.20	1.06	1.45	0.78	1.38	1.08	1.37	0.93
青海	1.38	1.11	0.93	1.33	1.23	1.09	0.98	1.15
宁夏	0.79	1.10	0.78	0.92	1.13	1.06	1.01	1.06
新疆	1.05	1.22	0.70	1.23	0.98	1.30	0.76	1.00
省域均值	1.07	1.12	0.96	1.00	1.14	1.12	1.01	1.00

7.5 本章小结

本章研究主要采用数据包络分析(DEA)方法,以及扩展应用模型来对我国各省域创新与出口之间作用关系的效率进行评价和分析。通过使用 Sup‑CCR‑DEA 模型,对我国 30 个省区 2006 年创新行为对出口行为的作用效率进行计算和排序,并对达到效率最优的省区进行进一步的名次排列。通过 DEA 模型与 Malmquist 指数方法的结合应用,对我国 30 个省区 2001‑2006 年的创新和出口行为进行生产过程的因素分解,不仅计算出这一作用过程的全要素生产率,并将全要素生产率分解为技术进步、纯生产效率变动、规模效应变动 3 个因素,分别探讨各省区 3 个要素的变动以及对生产率的影响。

在 2006 年我国 30 个省域的创新行为对出口作用效率的评价中,若以创新的人力和资金投入作为投入指标,那么能够达到出口有效的省区较少,只有广东等出口大省;而将创新投入到出口的作用过程进行分解,创新投入到创新产出的过程效率评价中东部省区的创新效率相对较高,而西部地区大部分省区都没有达到创新资源的有效利用。创新产出到出口行为过程的效率评价中,部分西部省区以及长三角区域的省区达到效率最优,但看这也反映出在不影响作用效率的前提下,这些地区创新产出还有待于进一步的增加。因此可见创新人力和资金资源除了通过创新产品作用于企业出口外,还有其他的方式间接影响企业出口,而在这一过程中出现了效率损失。

假设我国 30 个省域"创新资源—出口"作用过程近似于一种生产过程,通过对全要素生产率的分解来分析"创新投入资源—出口"和"创新产出资源—出口"两个过程变动的影响因素。通过分析可知,大部分省区 5 年间全要素生产率都有上升,同时各省区都有不同程度的技术进步,而出口大省广东、山东和浙江却出现纯生产效率下降和规模收益递减的现象,虽然这些出口大省的创新和出口贸易总量很大,且占据一定的优势,但是从效率的角度来看还存在较大的缺陷,这很有可能成为制约我国省区出口竞争力提升的重要障碍。

第 8 章
研究总结与展望

8.1 主要结论

本书在国家统计局工交司 1999–2006 年规模以上工业企业调查数据,以及国家科技部公布的科技数据、瑞士洛桑国际管理与发展学院的世界竞争力调查数据(IMD)等基础上,主要研究我国规模以上工业企业的技术创新、出口贸易现状,以及企业的技术创新对出口贸易(包括出口倾向和出口强度、出口总额和出口效率)的影响。

在对我国工业企业技术创新和出口贸易的特征分析中,根据本书对技术创新概念的厘定,以及已经掌握的规模以上工业企业数据的特点,对全体企业进行了不同标准的分类:按照工业企业是否具有新产品产值,以及是否具有研发费用支出这两个指标,将所有工业企业分为 4 种创新模式企业;根据国家统计局公布的企业规模划分标准,将这些工业企业分为大型、中型、小型企业;根据企业是否具有出口交货值,将这些工业企业分为出口企业和非出口企业;根据企业所属的省区行政差异,可将企业划分为各个省区的企业类群。在我国工业企业技术创新与出口行为的现状描述中,针对不同分类标准下的企业特征分别进行汇总描述。通过这些描述,直观上看,我国企业的国际化份额相对不高,其中大型企业中出口企业份额最大,小型企业中出口企业份额相对较小;而从出口强度角度看,大型企业出口销售收入占产品销售收入总额的比重明显小于小型企业;但是从技术创新角度看,大型企业在创新的投入和产出方面都要远远高于中型和小型企业。

在对规模以上工业企业技术创新对企业出口行为的影响作用分析中,本研究严格遵守模型建立原则,通过样本均值 T 检验选取能够显著区分出口企业和非出口企业的指标,并依据指标选取原则最终挑选出合理的自变量指标,同时选用 Logistic 模型预测不同类型企业的出口倾向,在相同自变量指标的基础上选用 WLS

估计方法建立回归模型分析各个因素对不同类型企业出口强度的影响。

通过对不同创新类型、不同规模、不同省域的工业企业技术创新对出口贸易作用的分析,发现虽然不同类型的企业,技术创新的投入和产出对企业出口倾向和强度的影响各不相同,但是仍能体现出一些较为一致的特征:①不论是否技术创新型企业,大型、中型和小型企业的新产品产出对企业出口倾向均具有较为一致的促进作用,即当企业拥有新产品之后,或者新产品产值增加后,企业进入国际市场的热情便会高涨,可能性也会有所提升。②从研发费用支出所反映的技术创新投入对企业出口强度的影响测度中发现,随着企业规模的缩小,研发费用支出对已经进入国际市场的工业企业的出口强度的提升作用也逐渐减弱,中型和小型企业中,不论企业的技术创新模式如何,企业的研发费用支出均会降低企业的出口强度。对于规模较小的企业而言,在国际竞争中,它们的技术动态比较优势还与那些大型企业存在一定的差距,当这些企业技术创新上投入大量资金之后,必然会增加企业的成本负担,从而使得企业在国际市场中的价格优势有所损失,同时随着企业创新活动和创新投入的增强,它们也会更加愿意在较为熟悉的国内市场环境中寻求发展,因此出口强度会有所下降。③随着企业规模的扩大,企业的研发费用支出对出口倾向的促进作用也在逐渐减弱。对于大型企业而言,企业研发资金投入的增加使得企业更加愿意在国际市场中竞争,也更加可能在国际市场中竞争,而中型企业研发资金对企业出口倾向的影响已经由积极作用转向无明显影响,小型企业研发资金甚至会显著抑制企业的出口可能性。由于不同规模企业的出口比较优势存在差异,因此它们利用技术创新对企业出口贸易发展的作用途径也会不同。

除表8-1列示的部分研究结果外,本研究还就不同省区工业企业技术创新对出口规模的影响进行了建模分析。由于各省区工业企业出口行为影响因素的的表现差异较大,无法得出较为一致的结论,但是研究中还是能够明显感觉到,新产品产出对大部分省区出口规模的扩大具有积极作用,而且小规模企业对大规模企业的追赶,中西部省区对东部省区的追赶势头强劲,地区间工业企业利用技术创新提升出口的作用差异也在逐渐缩小。

表8-1 部分研究结果展示

序号	企业类型							对企业出口行为的影响			
	研发费用		新产品		企业规模			出口倾向		出口强度	
	有	无	有	无	大	中	小	新产品	研发费用	新产品	研发费用
1	√	—	√	—				无影响	正向	正向	无影响
2	√	—	—	√				—	正向	—	无影响

(续)

序号	企业类型							对企业出口行为的影响			
	研发费用		新产品		企业规模			出口倾向		出口强度	
	有	无	有	无	大	中	小	新产品	研发费用	新产品	研发费用
3	—	√	√	—	—	—	—	无影响	—	正向	—
4	—	√	—	√	—	—	—	—	—	—	—
5	—	—	√	—	√	—	—	—	正向	—	无影响
6	—	—	—	√	√	—	—	—	正向	—	正向
7	√	—	—	—	√	—	—	正向	—	正向	—
8	—	—	√	—	√	—	—	正向	—	无影响	—
9	—	—	—	√	—	√	—	—	无影响	—	负向
10	—	—	—	√	—	√	—	—	正向	—	负向
11	√	—	—	—	—	√	—	正向	—	正向	—
12	—	—	√	—	—	√	—	正向	—	负向	—
13	—	—	√	—	—	—	√	—	负向	—	负向
14	—	—	—	√	—	—	√	—	无影响	—	负向
15	√	—	—	—	—	—	√	正向	—	正向	—
16	—	—	√	—	—	—	√	正向	—	正向	—

除了规模以上工业企业技术创新对出口行为的作用方向和程度进行模型分析之外,本书还利用数据包络分析方法(DEA)分析两者之间的作用效率。通过建立投入产出指标体系,不仅对2006年我国各省区工业企业技术创新对出口行为的作用效率进行分析,而且在由30个省域2001-2006年构成的面板数据基础上,利用Malmquist指数思想与DEA模型相结合,对该作用过程的全要素生产率进行因素分解,通过研究发现,我国的传统出口大省2006年技术创新的出口影响的效率较优。通过因素分解发现全国各省域2001-2006年在技术创新对出口作用过程中,技术水平都有提升,但是部分西部省区的规模效益递增,而传统出口大省的规模效率却普遍递减,这说明我国不同区域的工业企业在技术创新的资源投入上分别存在不足或冗余的现象,同时也将效率问题的改善摆在了各省工业企业提升出口竞争力措施的首要位置。

8.2 研究展望

虽然本书对我国工业企业技术创新对出口行为的影响作用进行了深入细致的分析,但是这只是冰山一角,在企业技术创新和出口贸易的交叉领域,还有很多问题值得我们去研究。鉴于对该领域的浓厚兴趣,作者希望在今后的工作和学习过程中,能够进一步完善和扩展该领域问题的研究,力求更加准确和深入地剖析我国企业技术创新与出口贸易之间的关系和影响。因此,作者认为今后的研究工作主要应从以下4个方面加强:

8.2.1 拓展研究内容

本书主要研究了企业创新模式、企业规模、产业归属、区域归属等因素影响下,企业的技术创新对出口行为的作用。但是,企业的技术创新与出口之间并不是简单的因果关系,企业的技术创新在对其出口行为造成影响的同时,企业的出口倾向和强度的变化也会影响到企业技术创新的投入和产出状况。本研究摘取出这个复杂循环作用系统中的一个阶段进行研究,实质上并未研究完整的企业技术创新与出口之间的关系,因此在研究立意上,所应该扩展的第一个方面即是将研究范围进一步扩大,不仅分析单向关系,更要关注整个循环作用系统。其次,企业技术创新与出口行为之间具有相互作用关系,而随着知识经济的发展,尤其是对中国的大部分企业而言,非技术创新的提升对企业出口的影响也不容忽视。因此在研究立意上应该扩展的第二个方面即是加强企业非技术创新与出口行为之间的关系研究。最后,企业的出口行为不仅包括出口总额、出口倾向和出口强度等方面,企业出口结构同样应该是研究的重点,而且企业技术创新能力的发展对企业出口结构的提升也得到了一些学者的证实,因此研究立意需要完善的第三个方面即是探讨企业创新与出口结构之间的关系。

8.2.2 丰富研究形式

本书主要的研究形式即讨论在各种因素差异的影响下,企业的技术创新对出口行为所可能发挥的作用。今后的研究中,作者希望在3个方面优化研究形式:①把企业的技术创新与出口行为看作是一个完整系统中的重要环节,在分析系统内部各要素之间的联系的基础上,进一步挖掘企业技术创新与出口行为之间的关系;②除了使用模型对企业技术创新的出口促进作用进行分析外,可从宏观上把握企业的完整的运作过程,将技术创新与出口行为作为子因素,对不同类型企业的综合能力和各因素能力进行评判,从而从企业能力的角度判断技术创新与出口行为之间的关系;③一个企业从稚嫩到成熟往往要经过多年的磨练,以企业为基础视角对其进行研究,纵向分析十分重要,但是随着时间推移,新生企业的出现和老企业的消失交织发生,这些因素都为研究带来很大的困难,并且由于已有的工业企业普查数据还无法涉及金融危机之后的企业出口状况,因此对金融危机后企业技术创新与出口关系的反映稍显弱势,因此如果条件具备,则可从企业发展的视角进行研究。

8.2.3 强化研究方法

本书所使用的计量经济学方法、统计模型方法以及非参数模型方法等,基本满足对企业技术创新与出口行为之间关系的判断和分析。但是由于数据质量和数量的限制,以及测度指标的不完整,在一些领域暂时无法进行细致的研究。企业技术创新与出口行为领域的研究,需要有更完美的数据支持,这就需要根据研究的内容和目的,组织专门的企业创新调查,获得符合研究需要的指标和数据。因此作者也希望在今后的研究中,能得到相关部门的支持,进行专门的企业创新调查,获得第一手数据,并以此为基础,应用国内外该领域所使用的前沿统计方法进行分析,力求对我国企业技术创新与出口行为关系的更深刻理解和剖析。

在统计模型和计量经济模型的应用上追求更高层次的多样性和完善性,如可以探讨使用 Tobit 模型代替 Logit 模型和 OLS 模型的组合,进一步避免有偏估计的干扰;另外,还可以采用多对多的多元回归模型,更深入地分析这种相互交错的复杂问题。

8.2.4 加强研究结果的应用

本书关于我国工业企业技术创新对出口行为作用的研究得出了许多具有现实意义的结论,例如对于我国小型工业企业而言,企业技术创新资金投入的增长不仅不会促进企业的出口热情,反而使得企业在产品销售市场的选择中,更加偏重于国内市场。研究所得出的基本结论,对于我国工业企业的技术创新政策和出口贸易政策的制定和改进,具有一定的借鉴意义,如何将学术界的研究成果与实际部门的政策操作紧密联系,使得研究成果能够真正地为我国工业企业的发展和强大做出贡献,则是作者今后研究中希望进一步加强的方面。在研究成果的应用上,不仅要加强与政府以及相关机构的合作与学习,还应该加强与国内外相关研究的比较,彼此学习先进的研究方法,从研究结论的差异性上来判断适应于各国工业企业的不同的发展路径,逐步完善对我国工业企业技术创新与出口贸易关系的理解和研究。

参 考 文 献

[1] 陈健,陈昭. 技术创新对我国高技术产品出口影响的省际面板数据分析[J]. 科技与经济,2006,6:17-20.
[2] 陈立华. 我国产业内贸易发展研究[D]. 武汉:华中科技大学,2007.
[3] 陈焰. 国际贸易与经济增长研究[D]. 厦门:厦门大学,2007.
[4] 程红莉,谢蕾蕾. FDI结构与产业内贸易发展水平的关系研究——以制造业21行业为例[J]. 统计教育,2009,5:3-11.
[5] 仇怡. 我国基于国际贸易的技术创新效应研究[J]. 国际商务——对外经济贸易大学学报,2009,2:87-92.
[6] 邓利方,余甫功. 广东全要素生产率的测算与分析:1980-2004[J]. 广东社会科学,2006,5:39-44.
[7] 杜栋. 企业技术创新评价的DEA方法. 系统工程理论方法应用[J],2001,1:82-84.
[8] 杜修立,王维国. 中国出口贸易的技术结构及变迁:1980-2003[J]. 经济研究,2007,7:137-151.
[9] 樊纲,关志雄,姚枝仲. 国际贸易结构分析:贸易品的技术分布[J]. 经济研究,2006,8:70-80.
[10] 方希桦,包群,赖明勇. 国际技术溢出:基于进口传导机制的实证研究[J]. 中国软科学,2004,7:58-63.
[11] 傅家骥. 技术创新经济学[M]. 北京:清华大学出版社,1998.
[12] 纪宝成,赵彦云. 中国走向创新型国家的要素:来自创新指数的依据[M]. 北京:中国人民大学出版社,2008.
[13] 贾美芹,谢蕾蕾. 我国食品制造业全要素生产率的测算——基于中国各省区面板数据的分析[J]. 统计与咨询,2009,2:26-28.
[14] 高书丽,阮丽雯. 技术创新对我国出口贸易的影响研究[J]. 商场现代化,2009,2:10-12.
[15] 高铁梅. 计量经济分析方法与建模Eviews应用及实例[M]. 北京:清华大学出版社,2005.
[16] 耿楠. 中国出口贸易的实证研究——基于协整分析与误差修正模型[J]. 国际商务——对外经济贸易大学学报,2006,4:16-20.
[17] 郭国锋,温军伟,孙保营. 技术创新能力的影响因素分析——基于中部六省面板数据的实证研究[J]. 数量经济技术经济研究,2007,9:134-143.
[18] 胡同泽,黄利军. 基于超效率DEA方法的大中型工业企业科技竞争力度量[J]. 科技进步与对策,2007,5:56-58.
[19] 黄静波,孙晓琴. 技术创新与出口:理论与实证研究的发展[J]. 国际贸易问题,2007,9:124-128.
[20] 黄智淋,俞培果. 近年技术创新对我国经济增长的影响研究——基于面板数据模型分析[J]. 科技管理研究,2007,5:74-77.
[21] 江小娟. 我国出口商品结构的决定因素和变化趋势[J]. 经济研究,2007,5:4-15.
[22] 蒋渝. 技术创新对中国出口贸易的影响研究[D]. 重庆:重庆大学,2008.
[23] 匡海波. 基于超效率CCR—DEA的中国港口上市公司成本效率评价研究[J]. 中国管理科学,

2007,3:142-148.
[24] 赖明勇,王建华. 技术创新对中国制成品国际竞争力作用的实证研究[J]. 统计研究,1999, 6:24-32.
[25] 李美娟,陈国宏. 数据包络分析法(DEA)的研究与应用[J]. 中国工程科学,2003,6:88-94.
[26] 李平. 论国际贸易与技术创新的关系[J]. 世界经济研究,2002,5:79-84.
[27] 李平,钱利. 国际贸易、技术扩散与发展中国家的技术创新[J]. 当代亚太,2005,5:41-46.
[28] 李平,随洪光. 三种自主创新能力与技术进步——基于 DEA 方法的经验分析[J]. 世界经济,2008, 2:74-83.
[29] 李世光. 国际贸易、外国直接投资、技术进步和收入分配差距——一个综合分析模型[J]. 国际贸易问题,2004,6:24-27.
[30] 李小平. 国际贸易与技术进步的长短期因果关系检验——基于 VECM 的实证分析[J]. 中南财经政法大学学报,2007,1:26-31.
[31] 李小平,朱钟棣. 对外贸易与经济增长的协整与因果关系检验——对上海市 1978-2001 年数据的实证分析[J]. 上海财经大学学报,2004,2:38-44.
[32] 梁志宏,孙耀唯,杨昆. 基于数据包络分析及 Malmquist 指标法的供电价格激励监管模型研究[J]. 中国电机工程学报,2007,34:84-89.
[33] 林琳. 技术创新、贸易竞争优势与出口绩效的实证研究——以山东省为例[J]. 国际贸易问题, 2008,11:68-73.
[34] 刘秉镰,李清彬. 中国城市全要素生产率的动态实证分析:1990-2006——基于 DEA 模型的 Malmquist 指数方法[J]. 南开经济研究. 2009,3:139-152.
[35] 鲁晓东,李荣林. 中国对外贸易结构、比较优势及其稳定性检验[J]. 世界经济,2007,10:39-49.
[36] 欧晓万. 异质性人力资本、市场需求对技术创新的影响——基于跨省的面板数据(Panel Data)实证检验[J]. 上海经济研究,2007,4:83-90.
[37] 彭玉冰. 企业技术创新与出口行为[J]. 南京经济学院学报,1999,4:78.
[38] 索贵彬,张晓林. 基于超效率 DEA 方法的第三产业竞争力评价[J]. 统计研究,2005,7:58-60.
[39] 涂正革,肖耿. 中国工业增长模式的转变——大中型工业企业劳动生产率的非参数生产前沿动态分析[J]. 管理世界,2007,10:76-89.
[40] 汪波,史容. 基于 BSC-DEA 超效率评价模型构建及应用[J]. 天津大学学报,2009,7:655-660.
[41] 王金祥. 基于超效率 DEA 模型的交叉效率评价方法[J]. 系统工程,2009,6:115-118.
[42] 王思薇,安树伟. 科技创新对中国区域技术效率的贡献研究——基于省际面板数据的分析[J]. 科技管理研究,2009,10:121-123.
[43] 王卓. 基于超效率 DEA 模型的我国工业企业效率评价[J]. 科学管理研究,2007,12:29-32.
[44] 魏龙,李丽娟. 技术创新对中国高技术产品出口影响的实证分析[J]. 国际贸易问题,2005,12: 32-40.
[45] 魏权龄. 评价相对有效性的 DEA 方法[M]. 北京:中国人民大学出版社,1987.
[46] 冼国明,严兵. FDI 对中国创新能力的溢出效应[J]. 世界经济,2005,10:18-25.
[47] 肖奎喜,沈建国. 技术创新和国际贸易互动关系的理论评述[J]. 技术经济,2004,7:34-35.
[48] 谢蕾蕾,宋志刚. 北京市流动人口总量和分布结构特征研究[J]. 数据,2009,10:58-60.
[49] 许宏. 企业集团自主创新模式研究[D]. 青岛:中国海洋大学,2008.
[50] 徐水龙. 技术进步评估的 DEA 方法[J]. 数量经济技术经济研究,1995,8:45-50.

[51] 徐小钦,黄馨,梁彭勇.基于 DEA 与 Malmquist 指数法的区域科技创新效率评价——以重庆市为例.2009,11:974-985.

[52] 许和连,栾永玉.出口贸易的技术外溢效应:基于三部门的实证研究[J].数量经济技术经济研究,2005,8:103-111.

[53] 杨海芳.浅议自主创新对我国出口贸易的促进作用[J].黑龙江对外经贸,2007,7:11-12.

[54] 杨俊,李晓羽,杨尘.技术模仿、人力资本积累与自主创新——基于中国省际面板数据的实证分析.[J].财经研究,2007,5:18-28.

[55] 杨勇,达庆利.企业技术创新绩效与其规模、R&D 投资、人力资本投资之间的关系——基于面板数据的实证研究[J].科技进步与对策,2007,11:28-131.

[56] 姚利民,方妙杰.技术创新促进中国出口贸易的实证研究[J].国际商务研究,2007,3:12-17.

[57] 姚洋.非国有经济成分对我国工业企业技术效率的影响[J].经济研究,1998,12:21-29.

[58] 余道先,刘海云.我国自主创新能力对出口贸易的影响研究——基于专利授权量的实证[J].国际贸易问题,2008,3:28-33.

[59] 余东华,王青.国有工业企业自主创新效率变化及影响因素——基于1998-2007年省域面板数据的 DEA 分析[J].山西财经大学学报,2010,1:94-101.

[60] 袁立辉.技术进步效应对国际贸易的影响[J].时代经贸,2008,3:92-93.

[61] 张军.技术创新与中国对外贸易关系发展的实证研究[J].经济经纬,2008,6:40-43.

[62] 张军.技术创新在中国对外贸易增长中的作用及对策分析[J].商场现代化,2008,2:3-4.

[63] 张晓,李敏华.出口企业自主创新能力不足的原因及对策分析[J].商场现代化,2007,5:12-13.

[64] 张媛媛,张宗益.创新环境、创新能力与创新绩效的系统性研究——基于面板数据的经验分析[J].科技管理研究,2009,12:91-93.

[65] 赵彦云.中国制造业产业竞争力评价和分析[M].北京:中国标准出版社,2005.

[66] 赵彦云,谢蕾蕾.弱势创新区域的决定要素[J].中国统计,2008,9:23-25.

[67] 赵彦云,谢蕾蕾.北京市零售业技术水平的实证研究[J].统计教育,2008,9:19-24.

[68] 赵宇.创新视野下波音公司发展历程[M].上海:华东师范大学,2008.

[69] 周晓燕,葛健,马丽仪.基于动态面板数据模型的中国区域创新体系效率实证[J].经济管理,2009,3:28-32.

[70] 朱学新,方健雯,张斌.科技创新对我国经济发展的影响——基于面板数据的实证研究[J].苏州大学学报(哲学社会科学版),2007,4:18-21.

[71] Abhijit Sharma, Theodore Panagiotidis. An Analysis of Exports and Growth in India: Cointegration and Causality Evidence(1971-2001)[J]. Review of Development Economics,2005(9):234-248.

[72] Afriat, Sydney. Efficiency Estimation of Production Function [J]. International Economic Review. 1972 (10),13(3):568-598.

[73] Aitken B, Hanson G H, Harrison A E. Spillovers, Foreign Investment, and Export Behavior. Journal of International Econmics,1997(43):103-132.

[74] Anderton R. UK exports of manufactures: testing for the effects of non-price competitiveness using stochastic trends and profitability measures[J]. The Manchester School LX,1992(1):23-40.

[75] Anh Ngoc Nguyen, Neoc Quang Pham, Chuc Dinh Nguyen, et al. Innovation and exports in Vietnam's SME Sector[J]. The European Journal of Development Research,2008(6),20(2):262-280.

[76] Archibugi D, Michie J. Trade, growth and technical change[M]. Cambridge: Cambridge University Press,1998.

[77] Aw B - Y, Hwang A R. Productivity and the Export Market: A Firm - level Analysis. Journal of Development Economics, 1999(47):313 - 332.

[78] Balassa B. Exports and economic growth: further evidence[J]. Journal of Development Economics, 1978(5):181 - 189.

[79] Balk Bert M. Industrial price, quantity, and productivity indices: The micro - economic theory and an application[M]. Boston, MA: Kluwer, 1998.

[80] Bernard A B, Jensen J B. Exceptional Exporter Performance: Cause, Effect or Both. Journal of International Economics, 1999(47):1 - 25.

[81] Bernard A B, Wagner J. Exports and Success in German Manufacturing[J]. Weltwirtschaftliches Archiv, 1997(133):134 - 157.

[82] Blundell R, Griffith R, Van Reenen J. Dynamic count data models of technological innovation, econ. J., 1995(105):333 - 344.

[83] Bowen H P, Leamer E E, Sveikauskas L. Multicountry, Multifactor Tests of the Factor Abundance Theory[J]. American Economic Review, 1987(77(5)):791 - 801.

[84] Bowen H P, Sveikauskas L. Judging Factor Abundance[J]. Quarterly Journal of Economics, 1992(107(2)):599 - 620.

[85] Bronwyn H Hall, Alessandro Maffioli. Evaluation the Impact of technology Development Funds in Emerging Economies: Evidence from Latin America[J]. The European Journal of Development Research, 2008(6), 20(2):172 - 198.

[86] Buxton T, Mayes D, Murfin A. UK trade performance and R&D, Econ[J]. Innovation New Technol, 1991(1):243 - 256.

[87] Can Huang, Mingqian Zhang, Yanyun Zhao, et al. Determinants of Exports in China: A Microeconometric analysis[J]. The European Journal of Development Research, 2008(6), 20(2):299 - 317.

[88] Christian Bellak. Adjustment Strategies of Multinational Enterprises to Changing National Competitiveness [J]. International Journal of the economics of Business, 2005(12), 12(1):139 - 161.

[89] Cimoli M. Technological Gaps and Institutional Asymmetries in a North - South Model with a Continuum of Goods[J]. Metroeconomica, 1988(39):245 - 274.

[90] Clerides S K, Lach S, Tybout J R. Is Learning by Exporting Important? Micro - dynamic Evidence from Colombia, Mexico and Morocco[J]. Quarterly Journal of Economics, 1998(113(3)):903 - 948.

[91] Cragg J. Some statistical models for limited dependent variables with application to the demand for durable goods, econometrica, 1971(39):829 - 844.

[92] Deardroff A. Testing trade theories and predicting trade flows, In: Jones, R., Keen, P. (Eds.), Handbook of International Economics, 1984(1).

[93] Dosi G. Sources, Procedures and microeconomic effects of innovation[J]. J., Econ, Lit, XXVI, 1120 - 1171.

[94] Dosi G. Technical Change and Industrial Transformation[M]. London, 1984, Macmillan, London.

[95] Durlauf Steven N. On Convergence and Divergence of Growth Rates: An Introduction[J]. Economic Journal, 1996(6):106(6):1016 - 1018.

[96] Effie Kesidou, Adam Szirmai. Local Knowledge Spillovers, Innovation and Export Performance in Developing Countries: Empirical Evidence from the Uruguay Software Cluster[J]. The European Journal of Development Research, 2008(6), 20(2):281 - 298.

[97] Fagerberg J. The need for innovation – based growth in Europe, Challenge, 1999 (42, September/Octorber (5)):63 – 78.

[98] Fan, Yanqin, Ullah, Aman. On Goodness – of – fit Test for Weakly Dependent Processes Using Kernel Method [J]. Journal of Nonparametric Statistics, 1999, 11 (1 – 3):337 – 360.

[99] Feder G. On exports and economic growth[J]. Journal of Development Economics, 1982 (12):59 – 73.

[100] Freeman C. The Economics of Industrial Innovation[M]. Francis Pinter, London, 1982.

[101] Furong Jin, Keun Lee, Yee – Kyoung Kim. Changing Engines of Growth in China: From Exports, FDI and Marketization to Innovation and Exports[J]. China & World Economy, 2008 (2):31 – 49.

[102] Geroksi P. Innovation and the sectoral sources of UK productivity growth[J]. Econ. J., 1991 (101): 1438 – 1451.

[103] Geroksi P, Machin S. Innovation, profitability and growth over the business cycle[J]. Empirica 1993 (20):35 – 50.

[104] Geroski P A, Machin S, Van Reenen J. The Profitability of Innovating Firms[J]. Rand Journal of Economics, 1993 (24):33 – 48.

[105] Geroski P A, Van Reenen J, Walters C F. How Persistently Do Firms Innovate? [J]. Research Policy, 1997 (26):33 – 48.

[106] Gijbels, Irene, Mammen, et al. On Estimation of Monotone and Concave Frontier Function[J]. Journal of the American Statistical Association, 1999 (3), 94 (445):220 – 228.

[107] Greenhalgh C. Innovation and trade performance in the UK[J]. Econ. J., 1990 (100):105 – 118.

[108] Greenhalgh C, Taylor P, Wilson R. Innovation and export volumes and prices. a disaggregated study[J], Oxford Econ. Papers, 1994 (46):102 – 134.

[109] Guido Nassimbeni. Technology, innovation capacity, and the export attitude of small manufacturing firms: a logit/tobit model[J]. Research Policy, 2001 (30):245 – 262.

[110] Hall, Robert E, Jones, et al. why Do Some Countries Produce So Much More Output Per Worker Than Others? [J]. Quarterly Journal of Economics, 1999 (2), 114 (1):83 – 116.

[111] Hirsch S. The US Electronics Industry in International Trade[J]. National Institute Economic Review, 1965 (34):92 – 107.

[112] Jaan Masso, Priit Vahter. Technological Innovation and Productivity in Late – Transition Estonia: Econometric Evidence from Innovation Surveys[J]. The European Journal of Development Research, 2008 (6), 20 (2):240 – 261.

[113] Jacob, Jojo. International technology spillovers and manufacturing performance in Indonesia, CIP – DATA library Technische University Eindhoven (2006).

[114] Kneip, Alois, Park, et al. A Note on the Convergence of Nonparametric DEA Estimators for Production Efficiency Scores[J]. Econometric Theory, 1998 (12), 14 (6):783 – 793.

[115] Krugman P. A Model of Innovation, Technology Transfer and the World Distribution of Income[J]. Journal of Political Economy, 1979 (87):253 – 266.

[116] Kumar N, Siddharthan N S. Technology, firm size and export behavior in developing countries: the case of Indian enterprise[J]. J. Dev, Studies, 1994 (32 (2)):288 – 309.

[117] Landesmann M, Snell A. The consequences of Mrs. Thatcher for UK manufacturing exports[J]. Econ. J, 1989 (99):1 – 27.

[118] Lin T, Schmidt P. A test of the Tobit specification against an alternative suggested by Cragg[J]. Econ. Stat,1984(66):174-177.
[119] Sarkar M B, Raj Echambadi, Rajshree Agarwal, et al. The Effect of The Innovative Enviroment on Exit of Entrepreneurial Firms[J]. Strategic Management Journal,2006(27):519-539.

后　记

本书是在赵彦云教授的悉心指导下完成的。在研究期间,赵老师以其严谨的治学态度、深厚的理论素养、独特的授课艺术,言传身教,使我受益匪浅。这期间我学术上的每一点进步,都离不开赵老师的帮助和指导。本书的撰写,赵老师在选题,结构,以及最后的定稿过程中,给我提出了许多指导性的意见和建议,在此向赵老师表示由衷的感谢。

本书作者作为华北水利水电大学一名在职教师,在此书的撰写过程中,受到了华北水利水电大学数学与信息科学学院领导和同事的大力支持,同时本书中所做研究获得了河南省教育厅高等学校重点科技攻关项目(15A910003)、华北水利水电大学数学与信息科学学院数学重点学科的资助,在此对所有给予我帮助的领导、同仁表示衷心的感谢。

本书作者一直坚持在国家创新体系、科技评价与管理领域进行研究,虽有一定成果,但仍未达到理想的广度与深度,望能与对此领域有兴趣的同仁携手研究,共同进步,联系邮箱:xieleilei@ncwu.edu.cn。

本人将继续努力,绝不辜负老师、领导、家人和朋友对我的期望。

谢蕾蕾
2015 年 9 月于华北水利水电大学